Der Kanton Tessin

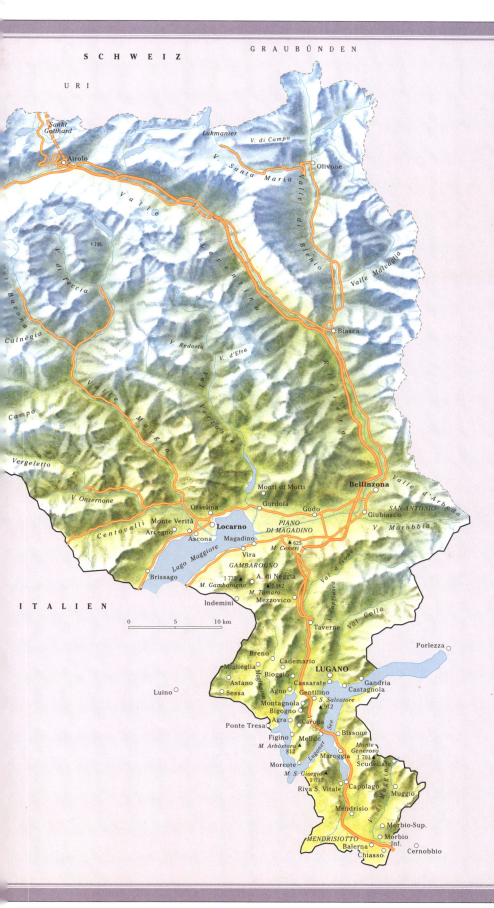

Hermann Hesse –
Spurensuche im Tessin

für Marie

Hermann Hesse – Spurensuche im Tessin

Mit Aquarellen von
Hermann Hesse

Text von
Jean-Philippe de Tonnac

Fotos von
Daniel Faure

Gerstenberg Verlag

Inhalt

Die Casa Camuzzi 10

Die Halbinsel im Luganer See 32

Tessin – Oase im Herzen Europas 72

In Kastalien 96

Kleiner Reiseführer 122

Überblick über Hermann Hesses Leben 157

Bibliographie 165

Register 166

Bildnachweis 168

SCHREIBT DAS IMMER BLEIBT
Hermañ Hesse
zum Geburtstag

Die Casa Camuzzi

Aquarell von Hermann Hesse, 1923. „Die kleine Palette voll reiner, unvermischter Farben von hellster Leuchtkraft, sie war sein Trost, sein Turm, sein Arsenal, sein Gebetbuch, seine Kanone, aus der er nach dem bösen Tode schoß.“ (*Klingsors letzter Sommer*)

Ein Sommerabend im Jahr 1928; der Schriftsteller in der Casa Camuzzi steht vor einem besonders schwierigen Abschnitt seines vor kurzem begonnenen Romans *Narziß und Goldmund*.

Aus dem kühlsten Raum des Hauses hat er sich ein Glas Joghurt und eine Banane zur Stärkung geholt. Einen Augenblick betrachtet er den Sonnenuntergang, dann sieht er die Post durch, die er am Vormittag aus Deutschland bekommen hat. Auf einen der Briefe entschließt er sich zu antworten. Der Absender hat offensichtlich alle seine großen Werke gelesen – die Gedichte, die Romane *Peter Camenzind, Demian, Der Steppenwolf, Siddhartha* –, und seine ein wenig naive, unbeholfene Ausdrucksweise läßt auf einen sehr jungen Mann schließen, den zum erstenmal in seinem Leben existentielle Ängste plagen.

Der Brief berührt den Autor, verdrießt ihn aber auch. Er beruht nämlich auf einem Mißverständnis, das unter seinen Lesern weit verbreitet ist und der Klärung bedarf. Dieses Mißverständnis belastet den seit fast zehn Jahren in der kleinen Tessiner Ortschaft Montagnola ansässigen

Schriftsteller. Seine Leser setzen falsche Erwartungen in ihn, der zeigen will, daß man bis zum Ende des Labyrinths gehen muß, um den Minotaurus zu besiegen. Wie der Kampf ausgehen wird, ist zu diesem Zeitpunkt – er ist am 2. Juli 51 Jahre alt geworden – ungewiß. Vielleicht hat er die Krise überwunden, wenngleich nichts darauf hindeutet, daß er in nächster Zeit jene Ausgeglichenheit finden wird, nach der er sich seit seiner Jugend sehnt. Unter diesen Umständen wäre es vermessen, Zweiflern und jenen, die den Glauben und Mut zum Weiterkämpfen verloren haben, Ratschläge zu erteilen. „Ich bin *kein* Führer, und will und darf keiner sein. Ich habe durch meine Schriften zuweilen jungen Lesern dazu gedient bis dahin zu kommen, wo das Chaos beginnt, das heißt wo sie allein und ohne helfende Konventionen dem Rätsel des Lebens gegenüberstehen. (...) Wollte ich weiter ‚führen', so müßte ich lügen. Die Ahnung der Erlösung, der Möglichkeit das Chaos neu zu ordnen, kann heute keine ‚Lehre' sein, sie vollzieht sich im unaussprechbaren innersten Erleben Einzelner." (*Brief vom 17. Oktober 1928*)

Hermann Hesse, 1944 fotografiert von seinem Sohn Martin. „Es war mir klargeworden, daß es moralisch nur noch eine Existenzmöglichkeit für mich gab: meine literarische Arbeit allem andern voranzustellen." (*Beim Einzug in ein neues Haus* in *Gedenkblätter*)

Mutlosigkeit erfaßt ihn. Wie soll er von dem falschen Bild loskommen, das seine Leser sich von ihm machen? Wird sein neues Buch nicht noch mehr dazu beitragen, eine sachlichere Beurteilung seines Werks zu verhindern? „Manche dieser Leute finden auch persönlich den Weg bis Montagnola (...) und geben, ebenso wie die Briefe, sowohl Sorgen wie Freude, und im ganzen wird für mich daraus eine langsam und stetig wachsende Verantwortlichkeit, die mich manchmal schwer drückt, manchmal auch hält und freut." (*Brief vom 29. September 1933*)

Mit der Post ist auch der Brief eines Kollegen gekommen, der seinen Besuch ankündigt. Am liebsten wäre er daraufhin unverzüglich abgereist. Das Gespräch mit seinesgleichen deprimiert ihn. Hermann Hesse, der sich in die Schweiz auf die Halbinsel im Luganer See zurückgezogen hat, gehört nicht zur Zunft jener von sich selbst eingenommenen Literaten, die um jeden Preis ihre Fähigkeiten und Talente zur Schau stellen müssen.

Der Dichter tritt auf den Balkon hinaus. Ein wahres Paradies breitet sich unter ihm aus: „Pompös und theatralisch“ führt eine Treppe in den Garten hinab, wo prachtvolle alte Bäume, deren Kronen eng beisammenstehen und die von Glyzinen und Clematis überwuchert sind, alle Düfte des Südens ausströmen. Dieser „halb feierliche, halb drollige Palazzo“, „Imitation eines Barock-Jagdschlosses, der Laune eines Tessiner Architekten vor etwa fünfundsiebzig Jahren entsprungen, hat außer mir noch eine ganze Reihe von Mietern gehabt, aber keiner ist so lange geblieben wie ich“, lesen wir in *Beim Einzug in ein neues Haus* (in *Gedenkblätter*). Kurz nach dem Ersten Weltkrieg, mit 41 Jahren, ist er dort eingezogen und hat den Palazzo zu seiner „Wahlheimat“ gemacht. Er sieht die große Sommermagnolie vor sich, die er in *Klingsors letzter Sommer* beschrieben hat: Sie stand direkt vor dem Balkon, und ihre weißen Riesenblüten reichten bis in sein Zimmer hinein. Signora Camuzzi, die Hauseigentümerin, hatte den Baum in seiner Abwesenheit fällen lassen. Auch den wunderschönen Judasbaum mit seiner Blütenpracht Anfang Mai hat er nicht vergessen: Er fiel einem Sturm zum Opfer.

Weil Hesse nur sich selbst treu sein konnte, konnte und wollte er nicht der Politik seiner deutschen Heimat treu sein; und weil er seine Arbeit über alles stellte, fiel es ihm auch schwer, den Frauen treu zu sein. Mit diesem Haus in Montagnola verbindet ihn jedoch etwas, das stärker ist als die Versuchung zur Flucht. Die Casa Camuzzi ist sein Zufluchtsort: Von hier macht er sich auf, die losen, verstreuten Teile seines Lebens einzusammeln, um sie zu einem Ganzen zusammenzufügen.

Aquarell Hesses, datiert vom 24. August 1924

Nach dem Ersten Weltkrieg übersiedelte Hermann Hesse ins Tessin. Zwölf Jahre bewohnte er vier Zimmer in der Casa Camuzzi, die er am 11. Mai 1919 bezog. Dieses Haus hat er viele Male in seinem Werk „gemalt und besungen“.

Links: Aus Montagnola gingen einige bedeutende Künstler hervor: Maler, Architekten, Stukkateure. Überall sind Zeugnisse ihres Wirkens zu sehen.

Inzwischen ist es dunkel geworden auf der Collina d'Oro am Westufer des Luganer Sees. In den Dörfern gehen die Lichter an. Hesse geht zurück ins Haus und an seinen Arbeitsplatz. Er schiebt die Überreste seiner Mahlzeit beiseite, knipst die Tischlampe an und greift zur Feder. Der Roman, der ihn seit zwei Jahren begleitet, ist in das Stadium eingetreten, „wo das Wichtigste eines Buches sich entscheidet". Über diese Phase, in der er das entstehende Buch, „das gesamte Material, die gesamte Masse an Erlebnis und an Gedachtem (...) auf eine Formel zu bringen sucht", schrieb Hesse: „Jetzt oder nie muß das Material gefaßt und in die Form gebracht werden, sonst ist es zu spät. (...) Mehrere Male ist mir eine Arbeit von vielen Monaten auf diese Weise wieder verlorengegangen und mußte verworfen werden." (*Eine Arbeitsnacht* in *Die Welt der Bücher*)

Er will zwei gegensätzliche Wesenszüge seiner Persönlichkeit in zwei Figuren verkörpern, eine Methode, die er immer wieder angewendet und weiterentwickelt hat, so als sei es ihm ein Bedürfnis, sich mit dieser Dualität, die ihn quält, auseinanderzusetzen und Lehren daraus zu ziehen. Dem Mönch und Denker Narziß, der „in der Wüste wacht", stellt er den Vagabunden und Künstler Goldmund gegenüber, zwei Vorbilder, die sich bei Novalis (*Heinrich von Ofterdingen*) und Goethe (*Wilhelm Meister*) finden, aber auch schon in Hesses früherem Werk wahlverwandte Verkörperungen haben: Man denke an Harry Haller, den Protagonisten im *Steppenwolf*, an Siddhartha, De-

Folgende Seite: Das Valle Maggia, das längste Alpental nordwestlich von Locarno

Seite 17: „Und wie schön und peinigend und unbegreiflich war dies Gefühl in seiner Brust, diese Liebe und flackernde Gier nach jedem bunten Band und Fetzen des Lebens, dieser süße wilde Zwang zu schauen und zu gestalten."
(*Klingsors letzter Sommer*)

mian und Emil Sinclair oder den Maler Klingsor. Goldmunds Suche nach Ganzheit führt ihn über den Weg „zur Mutter, zur Wollust und zum Tode“. Narziß verkörpert das „männliche“ Prinzip des Lebens, den Intellekt und die Willenskraft. Aber auch dieser Weg ist einseitig, unvollständig. Die Kunst, die Goldmund zu erreichen anstrebt, ist „die Vereinigung von väterlicher und mütterlicher Welt, von Geist und Blut (...). Alle jene Kunstwerke, die wahrhaft erhaben und nicht nur gute Gauklerstückchen, sondern vom ewigen Geheimnis erfüllt waren, (...) alle jene echten und unzweifelhaften Künstlerwerke hatten dies gefährliche, lächelnde Doppelgesicht, dies Mann-Weibliche, dies Beieinander von Triebhaftem und reiner Geistigkeit.“

Die Erzählung hat den kritischen Punkt erreicht, an dem eine spannende Handlung den Dialog ablösen soll. Und vor „spannenden“ Handlungen, die er in seinen eigenen Werken „denn auch nach Möglichkeit immer vermieden“ hat, fühlt er nun einmal den „größten Abscheu“.

Hesse läßt den Blick über die vollgestopften Regale seiner Bibliothek schweifen. Diese Bücher sind das einzige, was er aus Bern mitgebracht hat. Wie viele wird er selbst noch schreiben müssen, um allen Facetten seiner Dualität Ausdruck zu verleihen?

Beinah täglich werden ihm von Verlegern oder Kollegen Buchpakete geschickt. Immer wieder ist er damit beschäftigt, die Spreu vom

Weizen zu trennen. „So bleiben auch jetzt, nachdem ich einige hundert Bände Ballast entfernt habe, eine Anzahl ganz wundervoller Bücher übrig, die ich trotz allem eben doch liebe und bei mir behalten möchte, und so werden sie denn mit Gewalt in die krachenden Bücherborde gezwängt.“ (*Rückkehr aufs Land* in *Beschreibung einer Landschaft* und in *Tessin*)

Während seine Gedanken um die schonungslosen Bekenntnisse kreisen, die er seit nunmehr 25 Jahren, seit seinem ersten, 1903 erschienenen Erfolgsroman *Peter Camenzind*, abgelegt hat, kommt ihm plötzlich eine Idee, wie er die Handlung des neuen Romans fortführen kann, und er notiert: „Er mußte aber doch in einen halben Schlaf gesunken sein, denn er erschrak und war überrascht, als er Viktors Hände an sich spürte, wie sie seine Kleider vorsichtig abtasteten. In der einen Tasche hatte er sein Messer, in der andern den Dukaten; beides würde Viktor unfehlbar stehlen, wenn er es fände. Er stellte sich schlafend, drehte sich wie schlaftrunken hin und her, rührte die Arme, und Viktor zog sich zurück. Goldmund war sehr böse auf ihn, er beschloß, sich morgen von ihm zu trennen.“

Hesse streicht, verbessert, sucht nach den richtigen Worten für diesen heiklen Abschnitt seines Romans. „Als aber, nach einer Stunde vielleicht, Viktor sich von neuem über ihn beugte und mit dem Absuchen begann, wurde Goldmund kalt vor Wut. Ohne sich zu rühren, tat er die Augen auf und sagte verächtlich:

'Geh jetzt, es gibt hier nichts zu stehlen.' Im Schrecken über den Anruf griff der Dieb zu und drückte die Hände um Goldmunds Hals."

Hatten sich die Dinge so zugetragen? Oder hätten sie sich so zutragen können? Hätte Viktor in diesem Moment vielleicht etwas gesagt, eine Beleidigung, eine Drohung ausgestoßen? Er kniet sich auf Goldmunds Brust, der keine Luft mehr bekommt und den „die Todesangst durchfuhr", die ihn zu handeln zwingt. Er greift in seine Tasche und zieht das kleine Jagdmesser heraus. Kann die Klinge den Mantel seines Widersachers durchbohren? Wie oft stößt er zu? Einmal, mehrere Male? Einen Augenblick später lockert sich Viktors Griff, und Goldmund ringt nach Atem. Mit einem „furchtbaren Stöhnen" bricht Viktor über ihm zusammen, sein Blut strömt dem Künstler übers Gesicht. War das glaubwürdig?

Drei Stunden hat Hesse an dieser Episode gefeilt. Er hat nichts geschönt, hat sie so sachlich und knapp wie möglich gestaltet. „Nun habe ich einen Menschen umgebracht! dachte Goldmund, (...) während er über dem Sterbenden kniete und auf seinem Gesicht die Blässe sich ausbreiten sah." Schließlich richtet er sich auf und läuft „aus allen Kräften davon".

Die Arbeit hat den Autor vollkommen erschöpft. Vertraute, unangenehme Gedanken bestürmen ihn. „War dies abendliche Schreiben, dies langsame Gestalten einer Figur, die mir vor bald zwei Jahren einst als Vision erschienen war – war diese verzweifelte, beglückende, aufreibende Arbeit wirklich sinnvoll und notwendig?" Skrupel quälen ihn angesichts des nicht enden wollenden Stroms von Wörtern, der aus seiner Feder fließt: „War es notwendig, daß dem Camenzind, dem Knulp, dem Veraguth, dem Klingsor und dem Steppenwolf nun nochmals eine Figur folgte, eine neue Inkarnation, eine etwas anders gemischte und anders

Oben: Aquarell, 30. August 1927

Seite 18: Die Casa Camuzzi bezauberte den Schriftsteller vom ersten Augenblick an.

Klingsors letzter Sommer ist einer der ersten Texte, die Hesse in seinem neuen Zuhause schreibt. Auch die Casa Camuzzi wird darin mit einem ungewöhnlichen Nuancenreichtum beschrieben. Hesses Ausdruckspalette vergrößert sich.

differenzierte Verkörperung meines eigenen Wesens im Wort?“ (*Eine Arbeitsnacht* in *Die Welt der Bücher*)

Zu Hesses Zeiten lag die Casa Camuzzi ganz versteckt ein wenig außerhalb des Dorfs. Aus der Ferne, etwa vom Scairolotal aus, das sich zwischen zwei Hügelketten durch die Halbinsel zieht, sah das Haus, „mit seinen Treppengiebeln und Türmchen über stillem Waldrücken hervorschauend, ganz wie das ländliche Schloß einer Eichendorff-Novelle aus“. (*Beim Einzug in ein neues Haus* in *Gedenkblätter*) Angesichts der von Straßen zerschnittenen Landschaft braucht es heutzutage schon ein bißchen Phantasie, um sich vorzustellen, welchen Anblick Hesses Refugium damals bot. Vier Zimmer hatte er im Mai 1919 von Rosetta Camuzzi gemietet.

Montagnola hat, wie jedes Dorf auf der Collina d’Oro, bedeutende Männer hervorgebracht. Die Camuzzi haben sich auf dem Gebiet der Medizin und der Architektur hervorgetan. Die Gilardi waren nach dem Brand von Moskau, der 1812 Napoleons Große Armee zum Rückzug zwang, am Wiederaufbau der Stadt beteiligt gewesen. Nach seiner Heimkehr errichtete Domenico, der Sohn des berühmten Gian Battista Gilardi, unterhalb von Gentilino die Kapelle San Pietro. Gian Rodolfo Furlani, ebenfalls ein Sohn Montagnolas, schuf den stuckverzierten Eingang der Villa Ciani, in der heute das Kunstmuseum von Lugano untergebracht ist. Wollte man alle Künstler aufzählen, die aus diesem Teil des Tessins hervorgegangen sind, würde das den Rahmen dieses Buchs sprengen. Der Schriftsteller Hermann Hesse tritt also in die Fußstapfen einer ganzen Reihe von künstlerischer Schaffenskraft Beseelter.

Der Ausbruch des Ersten Weltkriegs hatte die Familie Hesse in eine tiefe Krise gestürzt, die sich bereits in den viel zu ruhigen Jahren davor angekündigt hatte. Auf Betreiben Maria Bernoullis, der Tochter eines Basler Notars, hatte sich Hesse mit ihr in dem abgeschiedenen Dorf Gaienhofen am deutschen Boden-

seeufer niedergelassen, fern der literarischen Kreise, in denen er erste Erfolge als Schriftsteller verzeichnen konnte. Im August 1904 hatte er die neun Jahre ältere Maria geheiratet und in ein einfaches, gesundes Leben in ländlicher Umgebung eingewilligt. War er wirklich ein Anhänger der damals in Deutschland weitverbreiteten „Zurück-zur-Natur“-Bewegung? Hesse ist sich selbst nicht sicher. Und doch erklärt er sich einverstanden, wenige Jahre später am selben Ort ein Grundstück zu erwerben und mit Hilfe eines befreundeten Architekten ein eigenes Haus darauf zu bauen. „Wir wählten einen Platz weit außerhalb des Dorfes, mit freier Aussicht über den Untersee. Man sah das Schweizer Ufer, die Reichenau, den Konstanzer Münsterturm und dahinter ferne Berge.“ Richtig wohl fühlt er sich nicht und kann seine Unzufriedenheit nicht lange verbergen: „(...) hier zum erstenmal hatte ich das Gefühl von Seßhaftigkeit, und eben darum auch zuweilen das Gefühl der Gefangenschaft, des Verhaftetseins an Grenzen und Ordnungen; hier zum erstenmal ließ ich mich auf den hübschen Traum ein, mir an einem Orte eigener Wahl etwas wie Heimat schaffen und erwerben zu können.“ (*Beim Einzug in ein neues Haus* in *Gedenkblätter*)

1901 war Hesse auf dem Weg nach Venetien und in die Toskana zum erstenmal durch das Tessin gereist. Sechs Jahre später hielt er sich fast vier Wochen auf dem Monte Verità ober-

Ascona am Lago Maggiore. Der Ruf, den die Künstlergemeinschaft auf dem Monte Verità oberhalb von Ascona in avantgardistischen Kreisen hatte, weckte bereits 1907 Hesses Neugier. Er hielt sich damals über drei Wochen dort auf.

halb von Ascona auf, der sich in avantgardistischen Kreisen großer Beliebtheit erfreute. Ascona, das einstmalige Zentrum der anarchistischen Protestbewegung in der Nachfolge Bakunins (der selbst einige Jahre in Locarno gelebt hatte), zog bald auch andere Wahrheitssuchende an, deren Ideale nur noch wenig mit denen eines Bakunin gemein hatten. Die Casa Anatta auf dem Monte Monescia (so der eigentliche Name des Berges) beherbergte My-

stiker, Nudisten, Vegetarier, Theosophen und Dichter. Heute ist ein Museum in ihren Räumen untergebracht, das über die Anschauungen der fast vergessenen Utopisten informiert. Hesse dürfte sich nicht besonders wohl gefühlt haben in dieser Gesellschaft, die kaum geeignet war, ihm seine eigenen Zweifel zu nehmen. Zur Tessiner Landschaft hingegen fühlte er sich von Anfang an hingezogen.

Die Unzufriedenheit in Gaienhofen wirkt

sich lähmend auf sein literarisches Schaffen aus, und Hesse flieht die häusliche Idylle immer häufiger. Kurz nach der Geburt seines dritten Sohnes bricht er gemeinsam mit seinem Freund, dem Maler Hans Sturzenegger, zu einer Reise in den Fernen Osten auf, die ihn nach Malaysia, Singapur, Sumatra und Ceylon führt. Bereits 1907 hatte er die frankophile humanistische Literaturzeitschrift *März* gegründet, für die er weiterhin schreibt. Außerdem veröffentlicht er mehr oder weniger regelmäßig Gedichte, Erzählungen, Buchbesprechungen und Romane.

Im Jahr 1912 zieht die Familie Hesse in die Nähe von Bern, in das Haus des Malers Albert Welti und seiner Frau, die kurz zuvor verstorben waren. Maria, anfangs offenbar begeistert von diesem Haus, „das aufs angenehmste und in einer wie für uns eigens ausgesuchten Mischung bäuerliche und herrschaftliche Merkmale vereinigte, halb primitiv, halb vornehm-patrizisch", fühlt bald die bedrückende Gegenwart des Todes. Jahre später gesteht sie, vom ersten Tag an „Angst und Bedrückung, ja etwas wie Furcht vor plötzlichem Tod und vor Gespenstern" empfunden zu haben.

In Bern erlebt Hesse den Ausbruch des Ersten Weltkriegs. Am 3. November 1914 veröffentlicht er in der *Neuen Zürcher Zeitung* den Aufsatz *O Freunde, nicht diese Töne!*. Die Überschrift hat er Schillers *Ode an die Freude* entlehnt, die Beethoven als Chorfinale seiner 9. Sinfonie vertonte. Der Artikel, in dem er an die Literaten in Deutschland und Frankreich

Im Gegensatz zu Hesses Zeiten sei Ascona heutzutage eine Art „helvetisches St. Tropez", schreibt André Beerli. In der Nebensaison entfaltet der Fremdenverkehrsort mit dem angenehmen südlichen Klima seinen ganzen Charme.

appelliert, die gemeinsamen kulturellen Werte hochzuhalten, wird von zahlreichen deutschen Zeitungen abgedruckt.

In Bern wird er als Herausgeber, gelegentlich auch als Autor verschiedener Publikationen für die Kriegsgefangenenfürsorge tätig. 1915 richtet er bei der Deutschen Gesandtschaft in Bern eine Stelle zur Versorgung deutscher Kriegsgefangener mit Literatur ein. Sein Aufruf vom 3. November 1914 in der *Neuen Zürcher Zeitung* führt zu einem Briefwechsel mit dem französischen Schriftsteller und Pazifisten Romain Rolland. Rolland schreibt Hesse im Februar 1915 und besucht ihn im August desselben Jahres zum erstenmal. Und für das *Journal de Genève* übersetzt Rolland Hesses Appell zur Völkerversöhnung.

Ungeachtet des unermüdlichen Kampfs gegen das Chaos, das immer wieder aufs neue zerstörerisch in Hesses Leben einbricht, spitzt sich die Krise zu: „Es kam, nicht ganz zwei Jahre nach unsrer Übersiedlung (nach Bern), der Weltkrieg, es kam für mich die Zerstörung meiner Freiheit und Unabhängigkeit, es kam die große moralische Krise durch den Krieg, die mich zwang, mein ganzes Denken und meine ganze Arbeit neu zu begründen, es kam das jahrelange schwere Kranksein unsres jüngsten, dritten Söhnchens, es kamen die Vorboten der Gemütskrankheit meiner Frau – und während ich durch den Krieg amtlich überanstrengt und moralisch immer mehr verzweifelt war, bröckelte langsam alles das zusammen, was bis dahin mein Glück gewesen war.“ (*Beim Einzug in ein neues Haus* in *Gedenkblätter*) Als Hesse erfährt, daß seine Frau an Schizophrenie leidet, ist es für Hilfe bereits zu spät. Nach dem Tod des Vaters verfällt er in tiefe Depressionen und unterzieht sich einer Therapie bei dem Psychoanalytiker Josef Bernhard Lang, einem Schüler C. G. Jungs. Von Mai bis November 1916 finden insgesamt sechzig Sitzungen statt, später auch sporadisch Gespräche mit Jung selbst. Eine schmerzliche Erfahrung, wie er in einem Brief an Emmy und Hugo Ball im Mai 1921 schreibt: „Für mich ist inzwischen die Analyse ein Feuer geworden, durch das ich nun gehen muß und das sehr weh tut.“ Er hätte andere therapeutische Maßnahmen vorgezogen: „Daß wir über die seelenärztlichen Methoden und Lehren der frühen Mönche nicht mehr wissen, finde auch ich schade.“

Maria ist längere Zeit in verschiedenen Heilanstalten; die Kinder werden in Pension

Der Lago Maggiore ist, wie der Name schon sagt, der größte See im Tessin. Von Locarno aus kann man mit dem Schiff nach Ascona, Porto Ronco oder zu den Brissago-Inseln San Apollinare und San Pancrazio fahren.

Seite 27: Blick auf den Lago Maggiore von Ronco aus. Auf der Insel San Pancrazio vor Porto Ronco ist der botanische Garten des Kantons eingerichtet worden. Zu Beginn dieses Jahrhunderts erfreuten sich die Brissago-Inseln großer Beliebtheit bei Malern, Musikern und Schriftstellern, die auf Einladung der Baronin de Saint-Léger, bis 1927 Eigentümerin von San Pancrazio, hierherkamen.

Folgende Doppelseite: Von Porto Ronco aus führt eine kleine Straße nach Ronco hinauf, das sich an den 1659 Meter hohen Pizzo Leone schmiegt. Von der Kirche San Martino aus hat man einen herrlichen Blick auf den See und die umliegenden Berge. Die italienische Grenze ist nur wenige Kilometer entfernt.

gegeben. Im Februar 1919, nach Beendigung seiner Tätigkeit für die Kriegsgefangenenfürsorge, verläßt Hesse das „verzauberte Haus", in dem er fast sieben Jahre gelebt hat. „Es war mir klargeworden, daß es moralisch nur noch *eine* Existenzmöglichkeit für mich gab: meine literarische Arbeit allem andern voranzustellen, nur noch in ihr zu leben und weder den Zusammenbruch der Familie noch die schwere Geldsorge, noch irgendeine andre Rücksicht mehr ernst zu nehmen. Gelang es nicht, so war ich verloren." (*Beim Einzug in ein neues Haus* in *Gedenkblätter*)

Im Frühjahr 1919 fährt er ins Tessin, wo er sich nach einer Wohnung umsieht, und entdeckt die Casa Camuzzi in Montagnola. Er lebt allein und völlig zurückgezogen und kennt nur ein Ziel: die Krise zu überwinden. Nur das Schreiben, so ahnt er, kann für ihn die geeignete Therapie sein. Als Mensch ist er sich seiner Unzulänglichkeit bewußt: seine Frau in einer Anstalt, die Kinder in Pension oder bei Freunden, sein eigenes Leben ohne jede Perspektive: „So wurde aus meinem Dichterberuf mit der Zeit nicht nur ein Hilfsweg, um meinem Ideal von Leben näher zu kommen, sondern es wurde beinah ein Selbstzweck daraus. Ich bin ein Dichter geworden, aber ein Mensch bin ich nicht geworden. Ich habe ein Teilziel erreicht, das Hauptziel nicht. Ich bin gescheitert." (*Brief vom 9. August 1929*)

Die Ausübung seiner Kunst beschert Hesse das Glück schöpferischer Tätigkeit, und insgesamt betrachtet hat er sich in seinem persönlichen und doch universalen Werk – vom ersten Roman *Peter Camenzind* bis zum *Glasperlenspiel* – vollkommen verwirklicht. Dennoch ist sein Leben alles andere als glücklich: „Mein Leben ist nichts als Arbeitsbereitschaft; und die Opfer, die ich bringe durch Leben in großer Einsamkeit etc., bringe ich eigentlich längst nicht mehr dem Leben, sondern nur noch der Dichtung. Der Wert und die Intensität meines Lebens liegt in den Stunden, wo ich dichterisch produktiv bin, also wo ich gerade das Unzulängliche und Verzweifelte meines Lebens ausspreche." (*Brief vom 9. August 1929*)

Seine Einsamkeit ist also nicht ganz freiwillig. Sie entspricht seinem Beruf, der Schriftstellerei, die er als einzigen Weg der Verwirklichung seiner Anlagen betrachtet. Dennoch ist Hesse kein unsozialer Mensch. „Mit Kindern, Bauern, Seeleuten usw. verkehre ich gern und bin zum Zechen in Matrosenkneipen etc. stets zu haben", schreibt er am 5. Februar 1903 an Stefan Zweig. „Vor Orten aber, wohin man mit Handschuhen und gewählten Worten geht, graut mir unheimlich und ich bin aller ‚Geselligkeit' seit zwei Jahren strikt ferngeblieben." In einem Brief an Romain Rolland, der sich um den in völliger Isolation lebenden Freund sorgt, schreibt Hesse am 10. August 1922, daß er „aber seit wohl einem Jahre nie mehr in Lugano gewesen (sei), obwohl es nur eine Stunde bis dorthin zu gehen ist. Sie sehen daraus, was für ein Leben ich führe: Hieronymus im Gehäuse."

Allmählich nimmt er seine Rolle als einsamer, zu einem Leben in Abgeschiedenheit verurteilter Schriftsteller an, ein Zeichen, daß er im Begriff ist, die schreckliche Krise, die ihn zutiefst erschüttert hat, zu überwinden. „Wenn ich mir heute mehr denn je bewußt bin, ein Einzelgänger und Träumer zu sein, so bin ich es in voller Kenntnis der Sache, und ich sehe diesen Zustand nicht mehr nur als Fluch an, sondern auch als eine Funktion, die ich erfülle."

Hesse hat also gelernt, sich so zu akzeptieren, wie er ist, mitsamt allen Widersprüchen, seiner Unzufriedenheit und seiner Unruhe. „(...) mein Leben (hat) keine Mitte, sondern schwebt zuckend zwischen vielen Reihen von Polen und Gegenpolen. Sehnsucht nach Daheimsein hier, Sehnsucht nach Unterwegssein dort. Verlangen nach Einsamkeit und Kloster hier, und Drang nach Liebe und Gemeinschaft dort. (...) Ich habe Üppigkeit und Laster gepflegt, und bin davon weg zu Askese und Kasteiung gegangen. Ich habe das Leben gläubig als Substanz verehrt, und kam dazu, es nur noch als Funktion erkennen und lieben zu können." (*Rotes Haus* in *Wanderung*)

Er entdeckt den Lügner, den Hochstapler in sich. Und er erkennt, daß er bereits begonnen hat, den Preis dafür zu bezahlen. „(...) du bist nicht harmonisch und Herr deiner selbst, du bist ein Vogel im Sturm. Laß stürmen! Laß dich treiben! Wie viel hast du gelogen! Wie tausendmal hast du, auch in deinen Gedichten und Büchern, den Harmonischen und Weisen

Hermann Hesse hat viel Zeit mit Aquarellmalerei verbracht, eine Leidenschaft, die er erst 1919, nach seiner Übersiedlung ins Tessin, so richtig entdeckte. Durch die besinnliche, beglückende Tätigkeit des Malens hat sich ihm eine ungeahnte innere Welt erschlossen. Aquarell, 21. Juni 1927

gespielt, den Glücklichen, den Abgeklärten!" (*Regenwetter* in *Wanderung*)

In seinen eigenen Augen war er „ein kleiner abgebrannter Literat, ein abgerissener und etwas verdächtiger Fremder, der von Milch und Reis und Makkaroni lebte, seine alten Anzüge bis zum Ausfransen auftrug und im Herbst sein Abendessen in Form von Kastanien aus dem Walde heimbrachte". (*Beim Einzug in ein neues Haus* in *Gedenkblätter*)

Er ist unglücklich und leidet bittere Not. Ohne die Unterstützung von Freunden könnte er nicht überleben, nicht der Schriftstellerei nachgehen. Ein tiefes Schuldgefühl und die finanziellen Schwierigkeiten schränken ihn in seiner Bewegungs- und Handlungsfreiheit ein. Er verbringt seine Zeit mit Schreiben, Lesen oder Ausflügen auf der Collina d'Oro, wo er malt und ein paar Worte mit den Einheimischen wechselt. Von den Städten und ihren Bewohnern hält er sich fern. Auf seiner ersten Italienreise wollte er sich nicht einmal Rom ansehen. Auch finanzielle Gründe spielen bei seiner Menschenscheu eine Rolle: „Mir ist es etwas peinlich, hie und da grade jetzt nach Lugano zu müssen, da ich ohnehin äußerst ungern in die Stadt gehe, und da ich grade solche Ebbe in der Tasche hatte, daß jedes Telefon oder Briefporto mich in Verlegenheit brachte." (*Brief vom 29. August 1922*)

Einem Publizisten, der aus Anlaß von Hesses fünfzigstem Geburtstag einen Jubiläumsband mit Beiträgen und Ehrungen herauszugeben plante, schrieb er folgende verzweifelte Zeilen: „Ich wünsche mir zu meinem 50. Geburtstag einzig dies, daß ich den 51. nicht mehr zu erleben brauche. (...) Bitte lassen Sie mich nun in Ruhe, ich sehe und glaube, daß Sie es gut meinen, aber warum wollen Sie einen Menschen, der seit vielen Jahren einsam und außerhalb Eurer ganzen Welt lebt, nun unter die Menschen ziehen, und warum soll ausgerechnet ich, der ich mein Leben lang auf alles Offizielle, auf alle Berühmtheiten etc. etc. gepfiffen habe, nun am Ende eines enttäuschten und einsamen Lebens noch den Affentanz mitmachen?" (*Brief vom Mai 1927*)

Rosetta Camuzzi beschreibt ihn als Habenichts („uno straccione"), als „hageren, ziemlich großen Burschen mit durchdringendem, stechendem Blick, aber gutem Herzen". Ungeachtet seiner durchlöcherten Schuhe und seines vernachlässigten Äußeren hält sie ihn für eine „persona finissima". Romain Rolland, der ihn 1920 besucht, findet einen „mageren, hohlwangigen, glattrasierten, asketischen Mann mit kantigem Knochengerüst" vor, der ihn an eine „Gestalt von Hodler" erinnert. Er spürt, daß Hesse „eine äußerst schwere Krise durchgemacht hat, aus der er, wie er sagt, als neuer Mensch hervorging". Hat die Einsamkeit in Montagnola ihm zu einer klareren Einschätzung seiner selbst verholfen, ihm den „Weg zum Licht" gezeigt?

H Hesse

„Von innen und von außen her, in meinem privaten Leben wie in meinem Verhältnis zu den Weltumständen, bin ich langsam in eine Krise gekommen, die sich in diesem Jahr nun zugespitzt hat, so daß ich glaube, es werde bald das Urteil gefällt und die Probe auf Leben oder Sterben reif sein.“ (*Brief vom 10. Dezember 1935*)

Die Halbinsel im Luganer See

Das Dorf Sorengo in der Nähe von Montagnola, gemalt am 13. September 1929. „Kunst ist Betrachtung der Welt im Zustand der Gnade.“ (*Lektüre für Minuten*)

Das Leben des Dichters wird von seiner jeweiligen Gemütsverfassung bestimmt. Die Seele kennt verschiedene Jahreszeiten. Hesse wechselt, seinen widersprüchlichen Bedürfnissen gemäß, von 1928 bis 1932 zwischen vier Wohnorten. Die ersten beiden Monate des Jahres verbringt er im 1800 Meter hoch gelegenen Arosa im Kanton Graubünden, das Frühjahr in Zürich, wo er Kontakte zu Freunden pflegt und Konzerte besucht. Im Sommer zieht er sich zum Schreiben und Malen ins Tessin zurück. Dort findet er, vorübergehend wenigstens, sein seelisches Gleichgewicht wieder. Im Oktober fährt er, um seine Gicht- und Ischiasbeschwerden zu kurieren, zur Kur nach Baden (bei Zürich), wo er bis zum Jahresende bleibt. Danach kehrt er ins Hochgebirge zurück.

Was aber ist der Fixpunkt seines Lebens? Weisheit? Noch hat das Wort keine wirkliche Bedeutung für ihn. Doch er nähert sich ihr – auch über Bücher, die ihm das Wissen fernöstlicher Lehren vermitteln. Für die Europäer ist der Ferne Osten ein Gebiet, das sie einst erobert, inzwi-

Rechts: In Gaienhofen am Untersee entdeckte Hesse seine Liebe zur Gartenarbeit. Im großen Garten des Hauses, das ihm sein Schweizer Mäzen Dr. H. C. Bodmer 1931 in Montagnola bauen ließ, kann er dieser Beschäftigung wieder nachgehen.

schen aber wieder vergessen haben. In einem Brief an Thomas Mann vom 12. März 1936 schreibt Hesse, er hoffe, sowie er seine psychische Krise überwunden habe, „wieder auf Morgenlandfahrt. Es wäre ja sonst wirklich in dieser geistlosen Welt schwer auszuhalten."

In diesen Monaten im Tessin, wo Hesse sich 1919 niedergelassen hat, kommt er innerlich zur Ruhe. „Ich habe jedes Jahr einige recht schöne Monate, so drei bis vier, mit einsamem Aquarellieren im Süden, am Rand der Akaziengehölze, die übrigen Monate erleide ich nur, sie werden irgendwie herumgebracht, mit einer Badekur, mit Kranksein, mit Cognactrinken, aus lauter Verzweiflung habe ich nun ja sogar wieder ein Buch geschrieben." (*Brief vom 22. Februar 1927*)

Die ersten im Tessin geschriebenen Seiten haben ihn Hoffnung schöpfen lassen und ihn darin bestärkt, seinen Weg weiterzugehen. Im Sommer 1919 hat er zwei Erzählungen geschrieben, *Klein und Wagner* und *Klingsors letzter Sommer*. „(Ich) entspannte damit mein Inneres so weit, daß ich im folgenden Winter den *Siddhartha* beginnen konnte. Ich war also nicht zugrunde gegangen, ich hatte mich nochmals zusammengerafft, ich war noch der Arbeit, der Konzentration fähig; die Kriegsjahre hatten mich nicht, wie ich halb gefürchtet hatte, geistig umgebracht." (*Beim Einzug in ein neues Haus* in *Gedenkblätter*)

Der Garten der Casa Camuzzi lockt ihn immer wieder fort vom Schreibtisch. Auf seinen Spaziergängen erkundet er eine ihm unbekannte, eine unverfälschte Welt. Das Tessin ist eine Landschaft mit Vergangenheit, mit einer „tausendjährigen Tradition". „Der nackte steinerne Tisch bei der steinernen Bank unterm Kirschlorbeer oder Buchsbaum, der Krug und die tönerne Schale voll Rotwein, das Brot und der Ziegenkäse dazu – das alles war zur Zeit des Horaz auch nicht anders." (*Wahlheimat* in *Beschreibung einer Landschaft*) Er kann sich nicht satt sehen an dieser Landschaft, die er unzählige Male in Wort und Bild festhält: „Meine trunkene Sehnsucht malt nicht mehr Traum-

Seite 35: „Jeden Morgen lese ich vor dem Atelierfenster ein paar Hände voll Feigen auf und esse davon, dann hole ich Strohhut, Gartenkorb, Hacke, Rechen, Heckenschere und begebe mich ins herbstliche Gelände." (*Tessiner Herbsttag* in *Tessin*)

farben über die verschleierten Fernen, mein Auge ist zufrieden mit dem, was da ist, denn es hat sehen gelernt." (*Bergpaß* in *Wanderung*)

Wir befinden uns noch immer im Sommer 1928. Der Dichter ist früh aufgestanden an diesem Morgen, um in den Garten hinunterzugehen. Der bevorstehende Besuch des Kollegen hat seine Pläne durchkreuzt: Eigentlich hatte er malen wollen. Vom Balkon, den Fenstern und der Terrasse der Casa Camuzzi aus hat er bereits „alle Blicke gezeichnet, und viele von den wunderlich schönen Winkeln und Gemäuern im Garten".

In den Jahren in Gaienhofen und später in Bern hatte er sein eigenes Gemüse angebaut und Blumen gepflanzt, hatte die Beete gedüngt und gewässert, die Wege vom Unkraut befreit und Holz gehackt. Die Liebe zur Gartenarbeit hatte er entdeckt, als die Familie auf Wunsch Maria Bernoullis aufs Land gezogen war. Von seiner Frau hat er sich getrennt, die Liebe zu Blumen und Pflanzen hingegen ist geblieben.

Hesse hat seinen Strohhut aufgesetzt und geht die breite Treppe hinunter. Später, im Garten des von H. C. Bodmer für ihn gebauten Hauses, wird er seiner Liebe zur Gartenarbeit nachgehen können: „Ich stehe an der Hecke, befreie sie aus dem meterhohen Unkraut, das sie bedrängt, häufe in großen Haufen die Winden und den Knöterich, den Schachtelhalm und den Wegerich, entzünde ein Feuerchen am Boden, nähre es mit etwas Holz, decke es mit etwas Grünem, daß es langsam schmore, sehe den blauen Rauch sanft und stetig wie eine Quelle fluten und zwischen den goldenen Maulbeerkronen hinüber ins Blau des Sees, der Berge und des Himmels schwimmen." (*Tessiner Herbsttag* in *Tessin*) Der Gärt-

ner in ihm freut sich über allerlei ungewöhnliche Begegnungen: „(...) eine lichtbraune, schöne Kröte, sie weicht ein wenig vor meiner Hand zur Seite, bläht den Hals und schaut mich an, die Augen sind Edelsteine. Heuschrecken fliegen auf, aschgraue Tiere, die im Fliegen blaue und ziegelrote Flügel entfalten." Im Schatten der Hecke entdeckt er Erdbeersträucher „mit winzigen sorgfältig gezahnten Blättern, und eine davon trägt eine winzige weiße Blüte mit gelbem Stern". Wenn er mehr Zeit hätte, würde er versuchen, den Zauber des Gartens der Casa Camuzzi mit dem Pinsel anzufangen. Doch es steht ja der drohende Besuch des Kollegen bevor und mit ihm eine Flut von Worten über die Sinnlosigkeit, ein Schriftsteller zu sein.

Für den „protestantischen Nordländer" Hermann Hesse (hier auf einem Foto, das sein Sohn Martin 1935 aufgenommen hat) ist das Tessin mit seinem milden Klima und seiner mediterranen Landschaft das Paradies schlechthin. „Ahnung von Seen und Gärten, Duft von Wein und Mandel weht herauf, alte heilige Sage von Sehnsucht und Romfahrt."
(*Bergpaß* in *Wanderung*)

Soll er fliehen, zu einer seiner Wanderungen aufbrechen? Der Aufbruch ist ihm zur zweiten Natur geworden. „Wandersehnsucht reißt mir am Herzen, wenn ich Bäume höre, die abends im Wind rauschen. Hört man still und lange zu, so zeigt auch die Wandersehnsucht ihren Kern und Sinn." (*Bäume* in *Wanderung*)

Wohin aber führt der Weg, sofern man überhaupt von der Stelle kommt und die Bewegung nichts anderes als Illusion ist? Wie vor ihm Novalis sieht Hesse in seiner „Wandersehnsucht", seinem „Fortlaufenwollen" die „Sehnsucht nach Heimat, nach Gedächtnis der Mutter, nach neuen Gleichnissen des Lebens. Sie führt nach Hause. Jeder Weg führt nach Hause, jeder Schritt ist Geburt, jeder Schritt ist Tod, jedes Grab ist Mutter." (*Bäume* in *Wanderung*) Das sind Worte, die an die Lehren des chinesischen Philosophen Laotse erinnern, mit dem sich Hesse seit einigen Jahren beschäftigt. In einem Brief an Romain Rolland schreibt er, Laotse sei für ihn das „Weiseste und Tröstlichste, was (er) kenne". „Vielleicht auch komme ich noch einmal dahin, daß ich Heimat in mir habe, und dann gibt es kein Liebäugeln mit Gärten und roten Häuschen mehr. – Heimat in sich haben!" (*Rotes Haus* in *Wanderung*)

Er hat ein paar Vorräte, ein Buch, einen Bleistift und seine Badehose eingepackt. An die-

Carona im Herzen der Halbinsel im Luganer See. Das Dorf, das im 10. Jahrhundert erstmals urkundlich erwähnt wird, ist heute ein bei Touristen und Sportlern beliebter Ferienort. Hesse ist auf seinen Spaziergängen rings um Montagnola oft hierher gekommen.

sem Sommertag will er „in Wald und See zu Gast sein“. Der arbeitsame Schriftsteller ist nämlich auch ein Meister des Müßiggangs, eine Kunst, die er perfekt beherrscht und die er von 1919 bis zu seinem Tod unermüdlich pflegt. Die südliche Landschaft kommt seinem Wunsch nach harmonischer Vereinigung mit der Natur und besinnlicher Trägheit entgegen. Die Überquerung der Alpen Richtung Süden wird für ihn immer einer der bewegendsten Momente bleiben: „Beim Übergang über die Alpen fand ich mich jedesmal, wie vom Anhauch des wärmeren Klimas, den ersten Lauten der klangvolleren Sprache, den ersten Rebenterrassen, so auch vom Anblick der zahlreichen, schönen Kirchen und Kapellen zart und mahnend berührt, wie von Erinnerung an einen sanfteren, milderen, mutternahen Zustand des Lebens; an kindlicheres, einfacheres, frömmeres, froheres Menschentum.“ (*Kirchen und Kapellen im Tessin* in *Beschreibung einer Landschaft* und in *Tessin*)

Von der Casa Camuzzi aus führt ihn der Weg nach Gentilino, zur Kirche Sant’Abbondio, wo er einen Augenblick verweilen wird, wie stets, wenn er Richtung Norden geht, bis zu den ersten Häusern von Lugano. Dort kehrt er gewöhnlich wieder um.

In Gedanken beschäftigt er sich noch immer mit Goldmunds Schicksal. Soll er die Szene von Viktors Ermordung überarbeiten? Doch die vor ihm ausgebreitete Landschaft ist eine einzige Verlockung, den inneren Monolog zu unterbrechen und sich der Natur zu überlassen. Der Sommer hat sich hier, in den milden mediterranen Breiten, voll entfaltet. „Der Wald hat abgeblüht und hängt schon voll kleiner stachliger Früchte, die Heidelbeeren sind schon vorüber, und die Brombeeren fangen an, deren die Welt hier voll ist.“ (*Sommertag im Süden* in *Tessin*) Der Wanderer kostet von den Beeren. Zwei Autos fahren auf der schmalen Straße in Richtung Lugano an ihm vorbei, und er tritt zur Seite, den Mund noch voller Brombeeren. Die Automobile sind Vorboten einer

Hermann Hesse, fotografiert von seinem Sohn Martin im September 1952. Kirchen und Kapellen gehören zum Tessin wie die Berge und die Seen, die tief eingeschnittenen wilden Täler und die Weinkeller im Wald. „Es lebt sich gut in eurem Schatten, auch für Menschen anderen Glaubens.“ (*Kirchen und Kapellen im Tessin* in *Beschreibung einer Landschaft* und in *Tessin*)

Zeit, in der es auf der Welt keinen Platz mehr geben wird für Dichter. Was wird sie bringen? „Das Geld, die Industrie, die Technik, der moderne Geist haben sich längst auch dieser vor kurzem noch zauberhaften Landschaft bemächtigt, und wir alten Freunde, Kenner und Entdecker dieser Landschaft gehören mit zu den unbequemen altmodischen Dingen, welche an die Wand gedrückt und ausgerottet werden. Der Letzte von uns wird sich am letzten alten Kastanienbaum des Tessins, am Tag eh der Baum im Auftrag eines Bauspekulanten gefällt wird, aufhängen." (*Rückkehr aufs Land* in *Beschreibung einer Landschaft* und in *Tessin*).

Er kann nicht gutheißen, was dieser Landschaft und ihren Menschen von den Fremden, den Touristen, den Unternehmern, all diesen Gleichmachern aufgedrängt werden soll. Dem

Mit ihrer Zypressenallee ist die Kirche Sant'Abbondio bei Gentilino einer der malerischsten Orte auf der Halbinsel im Luganer See. Auf dem dortigen Friedhof haben Hesse und seine dritte Ehefrau Ninon ihre letzte Ruhestätte gefunden.

seelenlosen Vergnügungsbetrieb stellt Hesse Menschen von Geist und Bildung entgegen: Nur sie sichern den Fortbestand von Traditionen und unvergänglichen Werten. „War wirklich das ‚heutige Leben' in den Fabriken, an den Börsen, auf den Sportplätzen und Wettbureaus, in den großstädtischen Bars und Tanzmusiksälen – war dies Leben wirklich irgend besser, reifer, klüger, wünschenswerter als das Leben der Menschen, die die ‚Bhagavad-Gita' oder die gotischen Kathedralen gemacht hatten?" (*Eine Arbeitsnacht* in *Die Welt der Bücher*)

Hinter Certenago, noch vor der Kirche Sant'Abbondio, macht Hesse Rast am Wegesrand, inmitten von Blumen, Moosen, Pilzen. Er zieht ein Botanikbüchlein aus der Tasche, um mit seiner Hilfe die ihm unbekannten Gewächse zu bestimmen. Es ist keineswegs so, daß er rückständig und fortschrittsfeindlich, weltfremd und anpassungsunfähig wäre. „(Wir) Schwärmer (...) (scheuen) nicht die Eisenbahn und das Auto, nicht das Geld und die Vernunft, sondern nur das Vergessen Gottes, das Verflachen der Seelen und (wir wissen,) daß erst hoch über all diesen Gegensatzpaaren von Maschine und Herz, Geld und Gott, Vernunft und Frömmigkeit der Himmel wahren Lebens, echter Wirklichkeit sich wölbt." (*Madonna*

Diesen Blick von der Kirche Sant'Abbondio auf den östlichen Teil des Luganer Sees konnte Hesse genießen, wenn er von Montagnola aus in Richtung Gentilino wanderte.

Blick von Bigogno zum Monte Brè, gemalt von Hesse am 14. Juli 1926

d'Ongero in *Beschreibung einer Landschaft* und in *Tessin*) So ist der träumende Dichter oder Botaniker nicht weniger achtenswert als der „welterobernde Ingenieur, der an seinen Rechenschieber glaubt wie wir an unsern Gott".

Die Kirche Sant'Abbondio hoch auf der Collina d'Oro ist eines der bemerkenswertesten Gotteshäuser des Sottoceneri (so heißt die südlich des Monte Ceneri gelegene Region; sie umfaßt das Luganese, das Malcantone, das Basso Ceresio, das Mendrisiotto und die Campagna Adorna). Die prächtigen Stuckverzierungen aus der zweiten Hälfte des 17. Jahrhunderts stammen von den Brüdern Camuzzi. Von hier oben kann man den Lago Maggiore sehen und dahinter die Gipfel des Monte Rosa.

Hesse betritt die Kirche zu einer kurzen Andacht. Zu welchem Gott mag er beten? „Gebet ist so heilig, so heilend wie Gesang. Gebet ist Vertrauen, ist Bestätigung. (...) Auf den Bildern guter Maler betet jeder Baum und jeder Berg." (*Kapelle* in *Wanderung*) Als „Weltkind" fühlt sich Hesse an keine Kirche gebunden: „(Ich) bin aber fromm im Sinne der Morgenlandfahrer, zu deren Bundesregeln es gehört, jedem Heiligtum auf Erden Ehrfurcht zu erweisen." (*Brief vom April 1962*)

Um Hesses Einstellung zur Religion zu verdeutlichen, ohne dieses Thema, das bei seinen Lesern zu zahlreichen Mißverständnissen geführt hat, vertiefen zu wollen, soll hier aus einem Brief des Schriftstellers an eine Philosophiestudentin zitiert werden. Der Brief trägt das Datum vom 15. Juli 1930. „Und so steht mein ganzes Leben im Zeichen eines Versuchs zu Bindung und Hingabe, zu Religion. (...) Auch wenn ich an meiner Zeit und an mir selbst verzweifeln muß, dennoch die Ehrfurcht vor dem Leben und vor der Möglichkeit seines Sinnes nicht wegzuwerfen, auch wenn ich damit alleinstehen sollte, auch wenn ich damit sehr lächerlich werde – daran halte ich fest. Ich tue es nicht aus irgend einer Hoffnung, daß damit für die Welt oder für mich irgend etwas besser würde, ich tue es einfach, weil ich ohne irgend eine Ehrfurcht, ohne Hingabe an einen Gott nicht leben mag." Die Tragweite dieses Bekenntnisses wird klar, wenn man einen Blick auf die Vergangenheit des Dichters wirft.

Hermann Hesse wurde 1877 in Calw geboren. Seine Mutter Marie war die Tochter des protestantischen Missionars Hermann Gundert, eines namhaften Orientalisten, der für seine Kenntnisse der indischen Sprachen berühmt war. Sie war während eines Indienaufenthalts ihrer Eltern 1842 geboren worden. Ihrem Sohn Hermann war also die Welt Indiens von Kindesbeinen an vertraut: Er hörte dem Großvater zu, der Geschichten aus seiner Zeit als Missionar erzählte, er bewunderte die Erinnerungsstücke, die dieser vom indischen Subkontinent mitgebracht hatte. „Ich erinnere mich eines handschriftlichen Buches, das mein Vater (ebenfalls ein Asienreisender) besaß und in das er während seiner indischen Zeit vieles geschrieben hatte." Darin fanden sich zum Beispiel buddhistische Gebete, die er selbst übersetzt hatte und nun seinen Kindern vorlas, mit „sichtlichem Gefallen an der Frömmigkeit und Poesie dieser Gebete".

Vom Vater, dem Pastor und Pietisten, erhielt Hermann eine religiöse Erziehung, die seinen seelischen Bedürfnissen kaum gerecht wurde. Mit eiserner Disziplin und strengen Moralvorstellungen konnte er nichts anfangen. Dennoch hat er viele Male seiner Dankbarkeit jenen Menschen gegenüber Ausdruck verliehen, deren Widerstand es ihm ermöglichte, seine eigene Welt zu entdecken.

Großvater Hesse, der Balte, von Beruf Arzt, war seinem Enkel zufolge „ein Draufgänger, frisch-fröhlich, leicht aufbrausend, leicht erregt und leicht versöhnt". Großvater Gundert, ein gebürtiger Schwabe, war ungewöhnlich sprachbegabt. „Eine Zeitlang trieb er mit einem Brahmanen Sanskrit. Der gewann ihn so lieb, daß er ihm nach jeder Sitzung die Hand drückte, was für ihn ein Opfer war, denn die Berührung eines Kastenlosen bedeutete Verunreinigung, von der er sich jedesmal durch rituelle Waschungen befreien mußte." (*Brief vom November 1960*)

Das Verhältnis zwischen Hermann Hesse und seinem Vater war

Seite 42: Oberhalb von Lugano führen reizvolle Wege an den waldigen Hängen des Monte San Salvatore entlang. Abseits der großen Fernstraßen liegt das alte Dorf Carabbia, das sich wie die meisten Orte auf der Halbinsel seinen ursprünglichen Charme bewahrt hat.

Links: Stattliche Eingangstür eines Hauses in Carabbia.

nicht frei von Konflikten. Die Unfähigkeit des Vaters, den Selbstfindungsprozeß des Sohnes zu unterstützen, äußerte sich in drastischen Strafen, wenn das Kind zauderte oder aufbegehrte. Im Alter von 14 Jahren war Hermann aus dem Seminar in Maulbronn geflohen, eine Episode, die er in Büchern wie *Unterm Rad* und *Narziß und Goldmund* verarbeitet hat. Die Eltern, die offensichtlich glaubten, ein Dämon habe vom Sohn Besitz ergriffen, zwangen ihn zu einer Teufelsaustreibung, was dazu führte, daß der Junge einen Selbstmordversuch unternahm. Der Vater steckte ihn daraufhin in eine Nervenheilanstalt in Stetten. Nach dem Tod von Großvater Gundert verließ Hermann das Gymnasium. Sein Vater bot ihm eine Stelle als Gehilfe im Calwer Verlagsverein an, dessen Leiter er war. Doch Hermann absolvierte wenig später lieber eine Lehre in einer Calwer Turmuhrenfabrik, sodann eine Buchhändlerlehre in Tübingen und arbeitete anschließend als Buchhandelsgehilfe in Basel. Es folgten erste Publikationen seiner dichterischen Arbeiten.

Die *Hinterlassenen Schriften und Gedichte von Hermann Lauscher* machen den Berliner Verleger Samuel Fischer auf den jungen Mann aufmerksam. Er bietet ihm an, sein nächstes Manuskript zu veröffentlichen. Wenig später schickt Hesse ihm den Roman *Peter Camenzind*; die erste Auflage ist bereits nach zwei Wochen vergriffen. Ein leicht errungener Erfolg. Doch das schwerste Stück Arbeit liegt noch vor ihm...

Hesse geht weiter in Richtung Pambio, auf den Monte San Salvatore zu, der über dem Westufer der Luganer Bucht aufragt. „Wieder lacht der Himmel hell, über allem tanzt ein Überfluß von Luft." (*Mittagsrast* in *Wanderung*) Über steile Waldpfade gelangt er ins Tal hinunter, „wo vom Sommertag betäubt an der gelben Straße grelle gelbe Häuser schliefen, vornübergeneigt und halbtot, und am versiegten Bach die weißen metallenen Weiden hingen mit schweren Flügeln über den goldenen Wiesen". (*Klingsors letzter Sommer*) Er sucht sich ein schattiges Plätzchen und packt sein Essen aus: Brot, Wurst, Nüsse und Schokolade. Ein Gedanke durchfährt ihn: „Wenn jetzt meine Mutter noch lebte, würde ich an sie denken und versuchen, ihr alles zu sagen und zu bekennen, was sie von mir wissen sollte." (*Mittagsrast* in *Wanderung*) Ein schwarzhaariges kleines Mädchen kommt auf ihn zu, setzt sich zu ihm und erzählt ihm von seiner Ziege. Er schenkt der Kleinen Nüsse und ein Stück Schokolade. Annunziata heißt sie. Nach einer Weile steht sie auf. „Sie grüßt artig und ernsthaft und geht in ihren Holzsandalen und roten Wollstrümpfen weiter."

Pambio hat etliche namhafte Architekten hervorgebracht, zum Beispiel die Lucchesi, die am Prager Hof sowie im 16. und 17. Jahrhundert für die Erzherzöge von Österreich tätig waren, oder Vincenzo Bernardazzi, den Baumeister Zar Alexanders I. Der Wanderer verlangsamt seine Schritte und beschließt, einen Abstecher zur Kirche San Pietro zu machen und vor dem glühendheißen Sommertag in ihr kühles Inneres zu flüchten. „Vielleicht werde ich einmal so weit sein, daß Reise und Ferne mir in der Seele gehören, daß ich ihre Bilder in mir habe, ohne sie mehr verwirklichen zu müssen. (...) Wie wäre da das Leben anders! Es hätte eine Mitte, und von der Mitte aus schwängen alle Kräfte. (...) So aber hat mein Leben keine Mitte, sondern schwebt zuckend zwischen vielen Reihen von Polen und Gegenpolen. (...) Meine Sache ist, unzufrieden zu sein und Unrast zu leiden." (*Rotes Haus* in *Wanderung*)

Seite 44: Vom Monte San Salvatore aus bietet sich zwischen den letzten Ausläufern der Halbinsel und den Steilhängen des Monte Generoso ein Blick bis ins Mendrisiotto, die „kleine Toskana", wohin sich die Pilger von Hesses *Morgenlandfahrt* begeben.

Links: Hermann Hesse 1935, fotografiert von seinem Sohn Martin. „(...) dieser Tag kommt niemals wieder, und wer ihn nicht ißt und trinkt und schmeckt und riecht, dem wird er in aller Ewigkeit kein zweites Mal angeboten." (*Klingsors letzter Sommer*)

Folgende Doppelseite: Heute kann man mit der Standseilbahn in zehn Minuten von Paradiso aus zum Monte San Salvatore hinauffahren, wo sich ein einzigartiger Rundblick auf die Walliser, die Berner und die Savoyer Alpen sowie die Lombardische Ebene im Süden bietet.

Rechts: Aquarell, datiert vom 29. September 1924. In *Klingsors letzter Sommer* versucht der Maler, die ihn umgebende Natur im Bild zu bannen. „Ich täusche euch Dauer und Unsterblichkeit vor, ich, der Vergänglichste, der Ungläubigste, der Traurigste, der mehr als ihr alle an der Angst vor dem Tode leidet."

Seite 49: Von Carona aus führt ein Waldweg zur Kirche der Madonna d'Ongero. Zu Hesses Zeiten standen noch Buchen zwischen den Kastanien. Im September wird zu Ehren der goldenen Madonna, die auch Hesse verehrte, ein Fest gefeiert. „Eigentlich ist es schade, daß ich gar nicht Katholik bin und gar nicht richtig zu ihr beten kann." (*Madonnenfest im Tessin* in *Beschreibung einer Landschaft* und in *Tessin*)

Von Pambio aus folgt Hesse der breiten Straße, die sich in Serpentinen zum Monte San Salvatore hinaufwindet. „Sommer hauchte heiß über den Berg, Licht floß senkrecht herab, Farbe dampfte hundertfältig aus der Tiefe herauf. Über die nächsten Berge, die grün und rot mit weißen Dörfern aufklangen, schauten bläuliche Bergzüge, und lichter und blauer dahinter neue und neue Züge und ganz fern und unwirklich die kristallnen Spitzen von Schneebergen." (*Klingsors letzter Sommer*) Wie er so an Akazien- und Kastanienhainen entlangwandert, verspürt er plötzlich Lust, sich zwischen Heidelbeersträuchern und Spiräen auszustrecken und ein Nickerchen zu machen. Dann packt ihn eine unbändige Lebensfreude, und er beginnt zu singen, deutsche, französische, italienische Lieder. Er hat ein kleines schwarzes Buch mitgenommen, *Almaide* heißt es und ist von dem Franzosen Francis Jammes geschrieben. Er liest laut einige Gedichte daraus vor, spricht lachend und gestikulierend mit den Vögeln des Waldes. „Man braucht so wenig zum Glück, wenn man älter wird", schreibt Klingsor in einem Brief. „Acht bis zehn Stunden Arbeit am Tag, einen Liter Piemonteser, ein halbes Pfund Brot, eine Virginia, ein paar Freundinnen, und allerdings Wärme und gutes Wetter. Die haben wir, die Sonne funktioniert prachtvoll, mein Schädel ist verbrannt wie der einer Mumie."

Der Monte San Salvatore ist 912 Meter hoch. Er ist sozusagen der Tessiner Zuckerhut,

Rechts: „Durchs vergitterte Fensterchen neben der Almosenschale schaute ich in die Dämmerung des heiligen Raumes hinein und sah hinten etwas Goldenes leise und ahnungsvoll glänzen und wußte, daß das die goldene Madonna war.“ (*Madonnenfest im Tessin* in *Beschreibung einer Landschaft* und in *Tessin*)

wenn der Vergleich zwischen der Bucht von Lugano und der von Rio de Janeiro gestattet ist. Hier, an seinen Hängen, wächst der Perückenbaum, den man sonst nirgendwo in der Gegend antrifft. Sein sattes Ziegelrot macht sich hübsch in all dem Grün. Klingsor betrachtet den rötlich und hellviolett schimmernden „Felsrücken und höckrigen Gipfel“ des Monte San Salvatore (im Roman wird er Monte Salute genannt) mit dem Kennerblick des Malers. Von Paradiso aus kann man in einer knappen Viertelstunde mit der Standseilbahn hinauffahren. Wer das nicht möchte, dem bietet sich auch vom Nordhang des Berges aus ein bezaubernder Anblick. Feigenbäume, Granatapfelbäume, Agaven, Eichen, Hainbuchen und Perückenbäume bilden ein dichtes Laubdach. In der Ferne, auf der anderen Seeseite, an der Grenze zu Italien, ragt der Monte Generoso empor, „aufgebaut aus lauter steilen spitzen Pyramiden und Kegeln, die Sonne schräg dahinter, jedes Plateau emailglänzend auf tief violetten Schatten schwimmend. Zwischen dort und hier die flimmernde Luft, und unendlich tief verloren der schmale blaue Seearm, kühl hinter grünen Waldflammen ruhend“ (*Klingsors letzter Sommer*).

Seite 51: „Wer sich ein Bild von der Bedeutung Caronas machen möchte“, schreibt André Beerli, „müßte quer durch Europa reisen, von Como (…) bis nach Moskau.“

Carona kann man auf zwei Wegen erreichen: entweder von Melide aus mit der Seilbahn oder über die Straße, die an den waldigen Hängen des Monte San Salvatore entlangführt. Wer sich für letzteres entscheidet, kann in der Kirche von Carabbia das Fresko von Petrini bewundern und die Kapelle von Ciona mit ihrer strahlendweißen Fassade besichtigen. Im Mittelalter war Carona eine von zwei Konsuln regierte Republik, die ihre Künstler in jeden Winkel Europas entsandte. Tommaso und Marco da Carona, um nur ein Beispiel zu nennen, waren im 14. Jahrhundert am Bau des Mailänder Doms und maßgeblich an der ersten Blütezeit der italienischen Renaissance beteiligt. Die Errungenschaften dieser neuen Stil- und Kunstepoche wurden von den Kindern Caronas bis in die slawische und die spanisch-maurische Welt getragen.

Hermann Hesse hat immer wieder über die „sieben Wunder" von Carona geschrieben. Vor allem die Madonna d'Ongero in ihrem einsamen Kirchlein am Nordhang des Monte Arbòstora hatte es ihm angetan. Viele Male muß er am Madonnenfest, das jedes Jahr im September gefeiert wird, teilgenommen haben. Auch an diesem Tag lenkt er seine Schritte zu der kleinen Kirche im Wald.

Die Pfarrkirche San Giorgio zählt ebenfalls zu den Wundern von Carona, die man mit eigenen Augen gesehen haben muß. Die ursprünglich romanische Kirche ist seit der Barockzeit immer wieder vergrößert, aufgestockt

und ausgeschmückt worden. Besondere Erwähnung verdienen die im 16. Jahrhundert von Domenico Pezzi aus Valsolda nach dem Vorbild Michelangelos gestaltete Freskenmalerei *Das Jüngste Gericht* sowie ein gotisches Wandrelief, das die heilige Agatha mit einer Schale darstellt, in der ihre Brüste liegen, die ihr von den Folterknechten abgetrennt wurden.

Ein Meisterwerk ist auch die Kirche Santa Marta, einst ein Sitz der „Arci-confraternità del gonfalone maggiore di Santa Marta di Roma“, der Bruderschaft des Todes, die im Mittelalter Kranke pflegte und Tote bestattete.

Hesse hat manches Mal seine Staffelei im Schatten einer Kastanie aufgestellt und das während der Sarazenenherrschaft erbaute Dorf mit seinen alten Häusern und Blumengärten gemalt. „Düstere Steinhöhlen unter verblichen braunem Ziegelstein, Gassen bedrückend traumschmal und voll Finsternis, kleine Plätze plötzlich in weißer Sonne aufschreiend, Afrika und Nagasaki, darüber der Wald, darunter der blaue Absturz, weiße, fette, satte Wolken oben.“ (*Klingsors letzter Sommer*)

Der Dichter denkt an seine Asienreise zurück, die er mit dem Maler Hans Sturzeneg-

Rechts: Zum Trocknen aufgehängte Maiskolben in dem zwischen dem Monte San Salvatore und dem Monte Arbòstora gelegenen Dorf Carona

Seite 53: Die Kirche San Giorgio in Carona, wo sich auch heute noch Spuren einer glanzvollen Vergangenheit finden. Domenico Pezzi aus Valsolda (ein Ort bei Lugano) schuf im 16. Jahrhundert das *Jüngstes Gericht* betitelte Fresko nach dem Vorbild der Sixtinischen Kapelle in Rom.

Rechts: „Weiße Blätter mit leuchtenden Farbflächen in Wasserfarben (...). Grimmig wühlte er im Kadmium, wild im süßkühlen Kobalt, zog die verfließenden Striche Krapplack durch den gelb und grünen Himmel.“ (*Klingsors letzter Sommer*) Das Foto, aufgenommen von Sohn Bruno, zeigt Hesse im Jahr 1929.

Seite 55: Das Dorf Agra auf der Collina d'Oro südlich von Montagnola. Das Aquarell trägt das Datum vom 25. September 1929.

Folgende Doppelseite: Blick auf den östlichen Teil des Luganer Sees von Carona aus

ger vor 17 Jahren unternommen hatte. Klingsor sagt einmal: „Es ist komisch, wie lange man braucht, bis man sich in der Welt ein bißchen auskennt! Als ich einmal nach Asien fuhr, vor Jahren, kam ich im Schnellzug in der Nacht sechs Kilometer von hier (gemeint ist das Dorf Kareno, wie Carona in der Erzählung heißt) vorbeigefahren, oder zehn, und wußte nichts. Ich fuhr nach Asien, und es war damals sehr notwendig, daß ich es tat. Aber alles, was ich dort fand, das finde ich heut auch hier: Urwald, Hitze, schöne fremde Menschen ohne Nerven, Sonne, Heiligtümer. Man braucht so lang, bis man lernt, an einem einzigen Tag drei Erdteile zu besuchen. Hier sind sie. Willkommen, Indien! Willkommen, Afrika! Willkommen, Japan!“ (*Klingsors letzter Sommer*)

Auf dem Weg zur Madonna d'Ongero trifft Hesse auf andere Wanderer, Freunde. In *Klingsors letzter Sommer* beschreibt er eine solche Wanderung: „‚Es ist ein Jammer, Klingsor, Ihre wunderbaren Aquarelle werden in zehn Jahren alle weiß sein; diese Farben, die Sie bevorzugen, halten alle nicht.‘“ Es ist einer der

Agra 25.IX.29
H. 29

Freunde, ebenfalls ein Maler, der das sagt. Begleitet wird er von einer dunkelhaarigen jungen Frau, die den Fremden neugierig mustert. „‚Ja, und was noch schlimmer ist'“, entgegnet Hesse/Klingsor, „‚Ihre schönen braunen Haare werden in zehn Jahren alle grau sein, und eine kleine Weile später liegen unsere hübschen frohen Knochen irgendwo in einem Loch in der Erde.'“ Er zitiert ein Gedicht von Li Tai Pe, seinem Lieblingsdichter: „‚Wie rasch fliegt die wechselnde Zeit über das Antlitz des Menschen./O du, der du beim vollen Becher sitzest und nicht trinkst,/O sage mir, auf wen wartest du noch?'“

Hesse schlägt den Freunden vor, ihn bis zur Madonnenkapelle oberhalb von Carona zu begleiten und von dort nach Morcote an der Spitze der Halbinsel hinabzusteigen und den Tag in einem *grotto* bei Brot und einem Glas Wein zu beschließen. In den *grotti*, wie die Weinkeller – oft sind es Felsenkeller – genannt werden, bekommt man nicht nur Wein, sondern auch kleine Mahlzeiten. Unterwegs schließen sich ihnen zwei weitere Wanderer an, und die kleine Gruppe zieht singend durch den Wald.

Die Kapelle auf dem Monte Arbòstora steht mitten in einem großen, dämmrigen Kastanienwald. Einmal im Jahr, an einem Sonntag im September, wird die Madonna, das Jesuskind in ihren Armen, durch den Wald getragen, „auf den Schultern der Träger leise schwankend“. Hesse bekennt, „dieser Anblick (sei sein) Kirchenfest und Gottesdienst fürs ganze Jahr". Und weiter: „Ehe sie in die Kirche zurückkehrt, wird sie auf dem Rasen aufgestellt und angebetet, erst von Osten, dann von Süden, dann von Westen, dann von Norden." (*Madonnenfest im Tessin* in *Beschreibung einer Landschaft* und in *Tessin*)

Hinter den letzten Häusern steigt der Weg zwischen Feigenbäumen bergan. Die Zweige hängen voll mit prallen, süßen Früchten, eine unwiderstehliche Verlockung für jeden Spaziergänger. „Die Gärten hören auf, Fußwege verlieren sich überall, launig, spielerisch, vielstrahlig in die Haine, ins gelbe Gerstenfeld, in die dunklen Pyramidenreihen der Bohnenäcker. Ein Grotto liegt am Sträßchen, stets geschlossen außer am Sonntagabend, er heißt *del pan perdu*, zum verlorenen Brot (...)." (*Madonna d'Ongero* in *Beschreibung einer Landschaft* und in *Tessin*) Der „ernste" Weg erinnert an jene, die man in der Gegend um Locarno und im Onsernone findet, „verlorene Stücke Urwelt oder Mittelalter". In *Klingsors letzter Sommer* schreibt Hesse über die Stunden mit den Freunden: „Man ruhte, man schlummerte, man plauderte, man kämpfte mit Ameisen, glaubte Schlangen zu hören, stachliche Kastanienschalen blieben in Frauenhaaren hängen. (...) Der Nachmittag ging hin wie ein Jahr im Paradiese."

Was, so fragt er sich, würde wohl ein amerikanischer Landwirt denken, „wenn er diese arme, winzige, ganz und gar von Hand betriebe-

Seite 58: Die Wallfahrtskirche Santa Maria Assunta oberhalb von Locarno am Lago Maggiore, bekannt als Madonna del Sasso, war Anziehungspunkt für Pilger und bald auch für Touristen.

Links: Gasse in Morcote an der Spitze der Halbinsel im Luganer See

Folgende Doppelseite: Morcote, das „Schatzkästlein des Tessins", ein altes, einfaches Fischerdorf, ist in eine Landschaft eingebettet, die an die Toskana erinnert. Die Kirche Santa Maria del Sasso prägt das Bild des Ortes. Auf der gegenüberliegenden Seeseite liegt Italien.

ne Zwergenwirtschaft sähe, diese von Hand mit dem Spaten geackerten, von Hand besäten, mit der Sichel geernteten Kornfeldchen"? Er selbst hingegen, der „rückwärts Gewandte", der „Romantiker", bewundert diese Art der Feldbestellung ebensosehr wie die „unkorrigierten Bachläufe und irrationell beforsteten Wälder, die verfallenden (...) Bildstöcke und halb heidnischen Wald- und Feldkapellen mit dem abgebröckelten Verputz, (...) die Gesichter, Hände und Gebärden, die man hierzulande bei allen alten Leuten und sogar noch bei manchen Jungen findet und welche kindlich, fromm und innig sind wie alle diese zarten, alten, etwas hilflosen, etwas unzeitgemäßen Dinge hier am Weg". Endlich steht die kleine Gruppe vor der Marienkirche. Über den rötlichen Stützmauern ragt der Kirchturm auf, die Fassade schimmert hell, es herrscht eine stille und friedliche Atmosphäre. „Links vom Wege durch das Gittertor einer Mauer sieht der Friedhof heraus, die Gräber umgeben von hohem Gras, hinten an die Rückmauer geklebt ein paar phantastisch blöde Bauten, Grabkapellen wohlhabender Familien aus jüngster Zeit, gottlos scheußliche Steinmetzarbeit, dumm und protzig, späte entartete Frucht am absterbenden Baum eines Glaubens, bei Tage Gift fürs Auge (...)." (*Madonna d'Ongero* in *Beschreibung einer Landschaft* und in *Tessin*)

Hesse schaut durch das vergitterte Fenster. Im Halbdunkel glänzt golden die Madonna. „An Sommerabenden um die Zeit des Sonnenuntergangs“, so weiß er, „ist (dies) der schönste Platz in der ganzen weiten Gegend.“ Unzählige Male hat er die Marienstatue durchs Fenster bewundert, hat des öfteren auch an ihrem Jahresfest teilgenommen, im September, „um die Zeit, wo Grün und Fülle des Jahres zu Dunst und zartem Goldschimmer wird“. Manchmal bedauert er, kein Katholik zu sein und nicht richtig zu ihr beten zu können. Doch er traut ihr zu, „daß sie auch uns Heiden verstehe und gelten lasse“. Er umgibt sie mit seinem eigenen Kult und seiner eigenen Mythologie. „Sie ist im Tempel meiner Frömmigkeit neben der Venus und neben dem Krischna aufgestellt; aber als Symbol der Seele, als Gleichnis für den lebendigen, erlösenden Lichtschein, der zwischen den Polen der Welt, zwischen Natur und Geist, hin und wider schwebt und das Licht der Liebe entzündet, ist die Mutter Gottes mir die heiligste Gestalt aller Religionen, und zu manchen Stunden glaube ich sie nicht weniger richtig und mit nicht kleinerer Hingabe zu verehren als irgendein frommer Wallfahrer vom orthodoxesten Glauben.“ (*Madonnenfest im Tessin* in *Beschreibung einer Landschaft* und in *Tessin*)

Hesses Blick schweift über den waldigen Hang, der hinter dem niedrigen Mäuerchen steil abfällt. Tief unten liegt ein kleines Wiesental. An den gegenüberliegenden Hang schmiegen sich Dörfer und Kirchen, und nach Südwesten hin öffnet sich das dunkelgrüne Tal gegen

Von Morcote aus führen mehrere Gäßchen zur Kirche Santa Maria del Sasso hinauf. „Die Fassaden der alten Häuser an der Uferpromenade zeugen von einem Reichtum, den Morcote nicht nur seinen Fischerkähnen und -netzen verdankte.“ (André Beerli, *Tessin*)

den See. „Mitten im silberspiegelnden abendblassen See steht thronend ein steiler, runder Kuppelberg, um den zu beiden Seiten das blaßschimmernde Wasser die Arme schließt, dort liegt Caslano, und hinter See und Kuppelberg steigen andere Berge auf, italienische und Schweizer Berge, Höhe hinter Höhe, Kette hinter Kette, zuhinterst und zuhöchst Monte Rosa und blasse Walliser Gipfel, dazwischen Täler mit Dörfern, Höhenzüge mit Kapellen, Waldrücken und Hütten auf sanften Hügelwellen schwebend, die herrliche Bergreihe des Lema, Gambarogno und Tamaro, und nach links und nach rechts, den ganzen sichtbaren Halbkreis füllend, blaue, schwarze, graue, rosige, luftige Berge und Bergzüge, endlos hintereinander aufgestellt, alles klar gegen den noch rot und golden leuchtenden Himmel gehoben, dessen Wölkchenflammen langsam erlöschen." (*Madonna d'Ongero* in *Beschreibung einer Landschaft* und in *Tessin*)

Von der Marienkirche steigen die Wanderer Richtung Morcote ab. Die braunhaarige junge Frau entdeckt einen *grotto* und schlägt vor, eine Rast einzulegen. Unter den Bäumen laden Steinbänke und Tische zum Verweilen ein. Der Wirt holt Wein aus dem kühlen Felsenkeller. „Es ist ein sanfter, sehr leichter, traubiger Wein, von roter Farbe, er schmeckt kühl und sauer nach Fruchtsaft und dicken Traubenschalen." (*Tessiner Sommerabend* in *Beschreibung einer Landschaft* und in *Tessin*) Zum Wein wird Schwarzbrot serviert. „Hoch saßen

Seite 64: Morcote

Oben: Blick vom Monte Arbòstora auf Morcote

sie in schwebender Schaukel überm Abgrund der Welt und Nacht, Vögel in goldenem Käfig, ohne Heimat, ohne Schwere, den Sternen gegenüber.(...) Goethe saß da und Hafis, heiß duftete Ägypten und innig Griechenland herauf, Mozart lächelte. Hugo Wolf spielte den Flügel in der irren Nacht." (*Klingsors letzter Sommer*) Die Freunde plaudern, malen sich in ihrer Phantasie eine Südseereise mit Gauguin aus, die sie bis auf die Robinsoninsel führt. Der Schriftsteller bringt einen Trinkspruch auf die Abenteurer dieser Welt aus. Unterm Tisch spielt ein Fuß mit seinem: Ein Blick in die Augen der dunklen Schönen beweist ihm, daß die Frauen ihn immer noch begehren, und das beruhigt ihn. Bald danach brechen sie auf und wandern durch den Wald zum See hinunter, wo sich die Freunde voneinander verabschieden. „Sei mir gegrüßt, geliebtes Leben!" ruft Klingsor, als er allein ist. „Sei mir gegrüßt, geliebter Tod!"

In Morcote steigt Hesse die Treppe zur Kirche Santa Maria del Sasso hinauf. Fremdenführer vergleichen sie gern mit der Spanischen Treppe in Rom oder mit jener, die zur Kirche Sacré-Cœur in Paris hinaufführt: „Wie eine Jakobsleiter spannt sie sich zwischen dem Himmel und dem See, der ein zweiter Himmel ist." Zahlreiche Fresken italienischer Renaissancemeister schmücken die Kirche. Vom Vorplatz aus kann man zwischen dem Monte San Giorgio im Osten und dem Monte Piambello im Westen bis nach Italien hinüberschauen. Auf dem Friedhof unweit der Kirche und der achteckigen, dem heiligen Antonius von Padua geweihten Kapelle ruhen einige der bedeutendsten Künstler der Region, darunter Alexander Moissi, ein begnadeter Shakespearedarsteller, und der Komponist Eugen d'Albert. Hesse verweilt gern an diesem Ort, wo der Mensch gelernt hat, sich in die Ordnung der Dinge einzufügen und der Gottesacker nichts als ein Fenster zur Unendlichkeit ist.

Der Rückweg führt ihn am See entlang. Dort trifft er den jungen Tullio. Er erinnert sich noch gut an das Jahr, als der mittlerweile Neunjährige geboren wurde: Damals hatte sich der Dichter gerade in der Casa Camuzzi eingerichtet. Der Junge treibt vier Kühe von der Weide zurück. Er hat eine Weidenflöte an die Lippen gesetzt. „Auf und ab geht seine Urmelodie, so hat sie schon Vergil gehört und auch schon Homer. Sie dankt den Göttern, sie preist das Land, den herben Apfel, die süße Traube, die kernige Kastanie, sie lobt dankbar das Blau, das Rot und das Gold, die Heiterkeit des Seetales, die Ruhe der fernen hohen Gebirge, und

Links und unten: Die Kirche Santa Maria del Sasso. „Ich halte es nicht für das Wichtigste, welchen Glauben ein Mensch habe, sondern daß er überhaupt einen habe.“ (*Lektüre für Minuten*)

Seite 69: Blick auf Caslano und Ponte Tresa am andern Ufer des Ceresio, gemalt am 2. August 1928

beschreibt und preist ein Leben, von dem die Städter nichts wissen und das weder so roh noch so lieblich ist, wie sie es sich denken, ein Leben, das nicht geistig und nicht heroisch ist, und das doch jeden geistigen und jeden heroischen Menschen im Tiefsten anzieht wie eine verlorene Heimat.“ (*Tessiner Herbsttag* in *Tessin*)

Hinter Figino biegt Hesse ab und geht quer durch den Wald, in dem noch die Hitze des Tages „wie Honig hängt, schwer und berauschend“ (*Sommertag im Süden* in *Tessin*). In der Dämmerung sehen die Bäume gespenstisch aus, der Wanderer beschleunigt seinen Schritt. „Ein Kauz ruft oben im Walde.“ Er kommt durch ein Dorf, „da und dort (stechen) scharfe, weißbestrahlte Wände und Lichtkanten hervor, starr zeichnen die Gartenmauer und der Feigenbaum ihre Schatten auf den Weg, und noch jeder unter den Füßen abrollende Stein rollt seinen Schatten mit“. Eine Katze läuft über den Dorfplatz, „aus einem dunklen Haus klagt laut eine eingesperrte Ziege“. Hesses Gedanken weilen wieder bei dem Roman, an dem er gerade arbeitet. Wie soll Goldmunds Schicksal nach der Ermordung Viktors weitergehen? Unruhe erfaßt ihn. „Schlafend liegt der Grotto überm Dorf, die steinerne Maria blickt leer in den Mond, den toten Sohn auf den Knien.“ (*Madonna d’Ongero* in *Beschreibung einer Landschaft* und in *Tessin*)

Kirche im Valle Maggia nordwestlich von Locarno

Tessin – Oase im Herzen Europas

„Für den Protestanten ist der Süden wie mütterliche Sanftheit, wie Rückkehr zur Kindheit." (*Wanderung*)
Aquarell, 1923

Das Tessin besteht freilich nicht nur aus der knapp acht Kilometer langen und vier Kilometer breiten Halbinsel im Luganer See, auf der Hermann Hesse mehr als vierzig Jahre lang zu Hause war. Der Kanton Tessin hat die Form eines gleichschenkligen Dreiecks. Er ist 2811 Quadratkilometer groß und erstreckt sich am Südfuß der Alpen zwischen dem Galinakopf (3061 m) im Westen und dem Piz Terri (3149 m) im Osten. Geographisch betrachtet, scheint er dem Rest des Landes den Rücken zuzukehren und sich dem Mittelmeer zuzuwenden.

André Beerli hat, unter anderen, auf die ungewöhnliche Beschaffenheit der Landschaft hingewiesen. Jedes Tal ist gleichsam „durch steile Berge, die von Eisfeldern, Geländestufen und gewaltigen Geröllhalden unterteilt werden, von der Außenwelt abgeschnitten". Durch diese verwinkelte Bergwelt sucht sich der Tessinfluß (Ticino) seinen Weg: Er mündet in den Po, der seinerseits ins Adriatische Meer mündet. Nur nach Süden hin öffnet sich das Land. Oder nach Osten, der „Heimat des Lichts" entgegen. Dorthin wenden sich die Pilger, deren Irrfahrt durch

die Schlucht von Morbio Inferiore der Schriftsteller in dem Märchen *Die Morgenlandfahrt* (1932) schildert. In dieser Landschaft, die ihm im Lauf der Jahre zur ersehnten Heimat wird, empfindet Hesse noch immer den „Reiserausch (seiner) ersten Südenfahrt, trunkenes Einatmen der üppigen Gartenluft an den blauen Seen, abendliches Hinüberlauschen über erblassende Schneeberge in die ferne Heimat". (*Bergpaß* in *Wanderung*) Sooft er diese „gesegnete Gegend" sieht, hat er das Gefühl, „aus einer Verbannung heimzukehren" und sich „endlich wieder auf der richtigen Seite der Berge" zu befinden. (*Gehöft* in *Wanderung*)

Er hat wieder Vertrauen in sein schriftstellerisches Können, Vertrauen auch in die Fähigkeit, seine inneren Konflikte zu lösen. Die Arbeit geht ihm leicht von der Hand. 1930 erscheint der Roman *Narziß und Goldmund*, der von der Kritik wohlwollend aufgenommen wird. Die Entscheidung, sich im Tessin niederzulassen, war offensichtlich richtig gewesen. Die Landschaft wirkt sich positiv auf sein Schaffen aus. Er hat Abstand genommen, aber er hat sich nicht vollends von der Welt, nicht gänzlich in sich selbst zurückgezogen; das zeigt auch die Korrespondenz mit seinen Lesern. Er bleibt dem Leben und all seinen Möglichkeiten gegenüber durchaus aufgeschlossen. Was er nicht will, ist, sich zur Schau stellen, eine Leitfigur werden. Die Menschheit hat einen Weg eingeschlagen, der sich gegen kulturelle und geistige Werte wendet, einen Weg, der in Hesses Augen in den Abgrund führt. „Zwischen gequälten Menschen und häßlichen Sachen denkt und sorgt man so viel! Es ist dort so schwer, und so verzweifelt wichtig, eine Rechtfertigung des Daseins zu finden." Im Tessin jedoch, abseits des Geschehens und doch mittendrin, braucht das Leben keine Rechtfertigung. „Die Gedanken werden zum Spiel. Man empfindet: die Welt ist schön, und das Leben ist kurz. Nicht alle Wünsche ruhen; ich möchte ein paar Augen mehr, eine Lunge mehr haben. Ich strecke die Beine ins Gras und wünsche, sie möchten länger sein." (*Gehöft* in *Wanderung*)

Als „Schiffbrüchiger" war Hesse 1919 im Tessin gestrandet, von seinem früheren Leben waren ihm nur seine Bücher und quälende Erinnerungen geblieben. Das Schreiben, das Malen und die Tessiner Umgebung halfen ihm über die schwere Zeit hinweg. Mit seinem dichterischen Neubeginn kehrte der Wunsch zurück, sich wieder in die Welt hinauszuwagen. Er las viel und erkundete andere Philosophien, andere Dimensionen menschlicher Erfahrung.

Links: Hesse im Garten der Casa Bodmer, fotografiert von seinem Sohn Martin 1935

Auf seine Arbeit, der er sich mit neuem Schwung widmete, wirkte sich diese innere Sicherheit positiv aus. Das Spektrum seines Werks vergrößerte sich: War es bisher nur Spiegel seiner inneren Zerrissenheit gewesen, so fand es nun wieder Anschluß an die Ziele und Bestrebungen der geistigen Elite Europas.

Die Auseinandersetzung mit den Kulturen Asiens führte dazu, daß Hesse systematisch die Werke indischer und chinesischer Philosophen studierte, wobei er auf frühere Empfehlungen des Vaters oder Großvaters sowie auf Impulse

Seite 74 und kleines Bild: Weinreben im Valle Maggia unweit von Avegno

seines Cousins Wilhelm Gundert zurückgriff, der seit vielen Jahren in Japan lebte und einige der bedeutendsten Schriften des Zen-Buddhismus übersetzt hatte. Die 1922 veröffentlichte „indische Legende“ *Siddhartha* zeigt die Vertrautheit des Schriftstellers mit indischem und chinesischem Gedankengut. Der Schluß des Buchs ist, Hesses eigenen Worten zufolge, „beinahe mehr taoistisch als indisch“. Im selben Brief, datiert vom 29. August 1922, heißt es weiter: „Ich habe den Eindruck, daß ‚Siddhartha‘ eine Formulierung sei, die für unsre Zeit etwas Uraltes wieder einmal zusammenfaßt, und für einen kleinen Kreis dadurch wichtig wird.“ Auf einem Kongreß für den Frieden, den die Internationale Frauenliga unter dem Vorsitz von Romain Rollands Schwester vom 18. August bis zum 2. September 1922 in Lugano veranstaltete, sollte Hesse einen Vortrag halten. Statt dessen las er den Schluß des *Siddhartha* vor. Ein Hindu unter den Zuhörern, Professor für asiatische Geschichte in Kalkutta, hatte sich angenehm überrascht gezeigt, war doch der ihm bislang unbekannte Schriftsteller „wirklich ins Zentrum des indischen Denkens gelangt“. Er ließ sich die entsprechende Passage übersetzen und suchte Hesse anderntags in Montagnola auf, um ihm zu sagen, wie „unfaßlich und ergreifend“ es für ihn sei, einen Europäer kennenzulernen, der tatsächlich etwas von asiatischer Metaphysik verstünde.

Nachdem Hesse seine Verzweiflung über die politische Entwicklung Deutschlands nach und nach überwunden hatte und die Gedanken an den Tod in den Hintergrund getreten waren, wurde ihm das Tessin mehr und mehr zur Heimat.

Fünfzigjährig und auch von seiner zweiten Frau Ruth Wenger geschieden, bekommt Hesse Besuch von einer Verehrerin. Ninon Dolbin, geborene Ausländer, ist 32 Jahre alt, Kunsthistorikerin und schreibt dem Schriftsteller seit ihrem 14. Lebensjahr Briefe. Sie ist Jüdin und stammt aus Czernowitz (damals gehörte es zu Rumänien, heute zur Ukraine). Die beiden heiraten 1931 und lassen sich oberhalb von Montagnola nieder, abseits der wachsenden Touristenströme. Das neue Haus wird ihnen von dem Arzt und Mäzen Hans C. Bodmer zur Verfügung gestellt. Hesse schildert, wie es dazu kam: „In der ‚Arch' in Zürich saßen wir an einem Frühlingsabend des Jahres 1930 und plauderten, und die Rede kam auch auf Häuser und Bauen, und auch meine gelegentlich auftauchenden Hauswünsche wurden erwähnt. Da lachte plötzlich Freund B. mich an und rief: ‚Das Haus sollen Sie haben!' Auch dies war, so schien mir, ein Spaß, ein hübscher Spaß am Abend beim Wein. Aber der Spaß ist Ernst geworden, und das Haus, von dem wir damals spielerisch träumten, steht jetzt da, unheimlich groß und schön und soll mir für Lebenszeit zur Verfügung stehen." (*Beim Einzug in ein neues Haus* in *Gedenkblätter*)

Einunddreißig Jahre hat das Paar dort gewohnt, mit kurzen Unterbrechungen: den Aufenthalten in Baden bei Zürich und im Engadin, wo es im Hotel Waldhaus in Sils-Maria logierte.

Links: Hesse und seine dritte Frau Ninon Dolbin zogen in dieses Haus, das der Mäzen Hans C. Bodmer ihnen zur Verfügung stellte.

Wer mit dem Auto durch die Schweiz in Richtung Italien fährt, reist entweder über den St.-Gotthard-Paß (2108 m) ins Tessin oder fährt durch einen über 16 Kilometer langen Straßentunnel, der 1980 eröffnet wurde. Seit dem 13. Jahrhundert – bis dahin überwand man das Bergmassiv durch die Schöllenen, die Schlucht der Reuß zwischen Göschenen und Andermatt – stellt der St.-Gotthard-Paß die

Seite 76: Das Malcantone zwischen Lago Maggiore und Luganer See lebt heute vom Fremdenverkehr. Die Gegend ist ein Paradies für Wanderer und der Monte Lema (1620 m) ein beliebtes Ausflugsziel.

wichtigste Verbindung zwischen der Schweiz und Italien einerseits und dem östlichen Mittelmeerraum, dessen Kulturgüter über Italien den Weg nach Westeuropa fanden, andererseits dar. Die Fertigstellung der Gotthardbahn im Jahr 1882 war ein Meilenstein in der Geschichte der Handelsbeziehungen zwischen Italien und der Schweiz. Heute sorgt ein gut ausgebautes Autobahnnetz dafür, daß Mailand in wenigen Stunden von Zürich, Straßburg oder Stuttgart aus zu erreichen ist.

Hesse hat viele Male seine Empfindungen beim Überqueren des St. Gotthard auf dem Weg ins heimatliche Tessin geschildert. Herrschte nördlich des Passes, in Göschenen, noch tiefer Winter, so schien es in Airolo, wo der Zug aus dem Tunnel herausfuhr, bereits Frühling zu sein. In Faido, einige Kilometer weiter, blühten bereits die ersten Wiesenblumen, und noch vor Giornico standen die ersten Aprikosen- und Birnbäume in Blüte. Der „protestantische Nordländer“ hat nie einen Hehl daraus gemacht, wie sehr ihn die Begegnung mit dem Katholizismus im Süden innerlich berührte. „Mir ist es unvergeßlich, wie auf meiner ersten jugendlichen Italienfahrt dies auf mich wirkte, dies selbstverständliche, naive Wohnen eines Volkes in seinen Tempeln, in seiner Religion, diese Zentralkraft Kirche, von welcher beständig ein Strom von Farbe, Trost, Musik, von Schwingung und Belebung ausstrahlte.“ (*Kirchen und Kapellen im Tessin* in *Beschreibung einer Landschaft* und in *Tessin*) Obgleich der

Katholizismus zu Hesses Zeiten bereits im Rückgang begriffen war, verkörperte die Kirche im Vergleich zu Nordeuropa hier nach wie vor den „mächtig-mütterlichen Mittelpunkt des Lebens“. Die Kirchen sind für Hesse die zuverlässigsten Zeugen einer unverfälschten Kultur. „Wer am steinigen Bergkamm eine Rast halten will, wer von brennender Landstraße in den Schatten begehrt, der genießt dankbar diese Bauten. Rein als Schmuck der Landschaft, als Rastorte, als Wegweiser, als Ruhepunkte des Auges (...) kommen sie jedem zugute, sind jedem willkommen. Im Innern aber sind sie oft reich an schönen und seltenen Dingen. (Sie reden) vom innigen Zusammenhang dieses Berglandes mit der Kultur des klassischen Italien und von der alten Begabung der Tessiner für die bildende Kunst.“ Tief beeindruckt zeigt sich der Protestant vom „Anblick naiver, sich zeigender, sich schmückender Frömmigkeit. Einerlei, ob in einem Tempel Ceylons oder Chinas oder in einer Kapelle des Tessins, immer wirkt dieser Anblick auf unsereinen wie eine Erinnerung an verlorene Kindheiten der Seele, an ferne Paradiese, an eine selige Primitivität und Unschuld des religiösen Lebens, und nichts fehlt uns geistig unersättlichen Europäern mehr als eben diese Lust und Unschuld.“ (*Kirchen und Kapellen im Tessin* in *Beschreibung einer Landschaft* und in *Tessin*)

Man sollte sich die Zeit nehmen, sich diese Kirchen und Kapellen anzusehen: die Kapelle San Martino in Deggio; die Kirche San Siro in Mairengo mit ihren von Gerolamo Gorla ge-

Links und unten: Impressionen aus Arcegno westlich von Ascona. Hierhin hat sich Hesses zweiter Sohn Heiner, geboren 1909, zurückgezogen. In einer abgelegenen ehemaligen Mühle in dem Waldgebiet unweit von Arcegno führt Heiner Hesse, wie sein Vater, ein Einsiedlerdasein.

Seite 78: In Avegno im Valle Maggia

Kapelle zu Montagnola, gemalt am 18. September 1922

staltteten Fresken; die Kirche Santa Maria Assunta in Chiggiogna, gleich hinter Faido, allein ihres Altaraufsatzes wegen, der die zwölf Apostel am Grab der Muttergottes zeigt; die dicht am Abgrund gebaute Kirche in Calonico; die Kirche San Nicolao in Giornico, „die eindrucksvollste romanische Kirche im ganzen Kanton“; die Kirche in Sobrio, wo „das Zusammenspiel von Architektur und Natur ein wahres Wunderwerk hervorgebracht“ hat; die den Heiligen Peter und Paul geweihte Kirche in Biasca, am Zusammenfluß von Ticino und Brenno, ihrer grauen Steinfassade wegen. Diese Aufzählung ist aber längst nicht vollständig.

Kenner des Tessins empfehlen, sich nach Möglichkeit abseits der ausgetretenen Pfade zu bewegen und sich von der eigenen Abenteuerlust leiten zu lassen, denn viele Kunstschätze liegen fern der Hauptrouten, wo sie oft unbemerkt bleiben. Der Nomade Hesse meint dazu: „Es ist viel schöner, ohne Führer zu gehen, und wer im Tessin wandert, wird bald die beglückende Erfahrung machen, wie überall mitten in den herrlichsten Landschaften noch stille, köstliche Funde an alter Kunst zu machen sind.“ Kann man von einem Einzelgänger einen andern Rat erwarten? Er selbst sieht die Gründe für die Anziehungskraft, die der Katholizismus auf ihn ausübt, in alten heidnischen Elementen, die darin überliefert seien. „Genau ebenso wie die uralte, römisch-mittelländische Art der Bodenkultur, der Terrassenbau mit Wein, Maulbeere, Olive, unzerstört

Vorhergehende Seite: Certenago auf der Collina d'Oro zwischen Gentilino und Montagnola. Hesse hat hier oft gemalt.

Rechts: Sornico im oberen Teil des Valle Maggia, dem Val Lavizzara

in den alten, festen Formen hier unten weiterbesteht, so besteht etwas vom heidnisch-frommen, augenfrohen, bildergläubigen, gesunden Kult und Glauben der Antike in den Ländern südlich der Alpen heute noch fort." Daher war es ihm nicht möglich, „im Gefühl die katholische Frömmigkeit von der antiken zu trennen". Als Schriftsteller ist es ihm ein Anliegen, den Blick für das Ganze zu bewahren, den viel zu eng gesteckten Rahmen religiöser Riten und Gebräuche, in den der einzelne eingezwängt ist, zu durchbrechen. „Wo in Römerzeiten ein Tempel stand, steht jetzt eine Kirche, wo damals die kleine primitive Steinsäule für einen Feldgeist oder Waldgott stand, steht jetzt ein Kreuz." (*Kirchen und Kapellen im Tessin* in *Beschreibung einer Landschaft* und in *Tessin*)

Die beruhigende Gegenwart der zahllosen Gotteshäuser, die zu dieser Landschaft gehören wie die Berge und Seen, die wilden Schluchten und die Felsenkeller im Wald, ist einer der Gründe für Hesses Zuneigung zum Tessin. Eine „uralte Frömmigkeit (strahlt) überall ins Land", bis in die entlegensten Gegenden: An jeder Wegbiegung entdeckt der Wanderer eine Kapelle, einen Bildstock, eine Bildwand mit verblaßten Farben. „Im Frühling steht vor jedem (Heiligtum) ein Glas, ein Becher, eine alte Blechbüchse, von Kindern mit Blumen gefüllt." Verkörpert so ein Kirchlein im Grünen nicht den friedvollen Aspekt einer Realität jenseits der greifbaren, einer Realität, die darauf wartet, entdeckt zu werden? Hesse, der Protestant, der zwischen asiatischen Weisheiten und einem im Heidentum wurzelnden primitiven Christentum Umherirrende, preist diese „frommen Bauten“ in Bild und Schrift, wird nicht müde, ihren Zauber hervorzuheben: „Liebe Kirchen im Tessin, liebe Kapellen und Kapellchen, wieviel gute Stunden habt ihr mich bei euch zu Gast gehabt! Wieviel Freude habt ihr mir gegeben, wieviel guten kühlen Schatten, wieviel Beglückung durch Kunst, wieviel Mahnung an das, was not tut, an eine frohe, tapfere, helläugige Lebensfrömmigkeit! Wie manche Messe habe ich in euch gehört, wie manchen Gemeindegesang, wie manche farbige Prozession sah ich aus euren Portalen quellen und in die lichte Landschaft sich verlieren! Ihr gehört zu diesem Lande wie Berge und Seen, wie die tiefgeschnittenen wilden Täler, wie das launisch spielerische Geläut eurer Glockentürme, wie der schattige Grotto im Wald und der alte Roccolo auf dem Hügel. Es lebt sich gut in eurem Schatten, auch für Menschen anderen Glaubens.“ (*Kirchen und Kapellen im Tessin* in *Beschreibung einer Landschaft* und in *Tessin*)

Für den Maler Hesse war die Tessiner Landschaft ein unerschöpfliches Reservoir an Motiven. Wie oft hat er seine Staffelei vor einer bezaubernden Kulisse aufgestellt, um die südliche Farbenpracht festzuhalten. Diese Landschaft war eine Herausforderung an ihn: „Wie schön und peinigend und unbegreiflich war dies Gefühl in seiner Brust, diese Liebe und

Hermann Hesse, fotografiert von seinem Sohn Martin 1935.
„Wessen Persönlichkeit sich schwer und kämpfend von seinen Herkünften losgelöst hat, der neigt nicht dazu, seine teuer erkaufte Freiheit und Verantwortlichkeit an irgendein Schema und Programm, eine Schule, eine Richtung, eine Clique hinzugeben.“
(*Lektüre für Minuten*)

flackernde Gier nach jedem bunten Band und Fetzen des Lebens, dieser süße wilde Zwang zu schauen und zu gestalten“, heißt es in *Klingsors letzter Sommer*. Die etwa dreitausend Aquarelle, die Hesse im Lauf seines Lebens gemalt hat, zeugen von der Faszination, die seine Wahlheimat auf ihn ausübte. Sobald er sein Arbeitspensum am Schreibtisch erledigt hatte, schulterte er seine Staffelei und machte sich auf die Suche nach neuen Motiven: „Ich habe Hunderte von Bogen guten Malpapiers und viele Farbtuben verbraucht, um mit Aquarellfarben oder Zeichenfeder den alten

Aquarell, datiert vom 29. September 1922.
„Dem Künstler bleibt wenigstens dies, daß er im Versenken in die Magie des Schönen immer wieder einen Zugang zum Innern der Welt und ihrem Sinn hat.“
(*Lektüre für Minuten*)

Häusern und Hohlziegeldächern, den Gartenmauern, dem Kastanienwald, den nahen und fernen Bergen meine Reverenz zu erweisen.“ (*Vierzig Jahre Montagnola* in *Beschreibung einer Landschaft* und in *Tessin*) Die Motive des Malers Klingsor dürften die gleichen sein, die sein Autor gemalt hat: „Die rote Villa im Gehölz, feurig glühend wie ein Rubin auf grünem Sammet, und die eiserne Brücke bei Castiglia, rot auf blaugrünem Berg.“ Oder die Halle mit den Wäscherinnen in Carabbina (die Namen in *Klingsors letzter Sommer* sind erfunden, ähneln aber Ortsnamen im Tessin): „Er schloß die Augen und dachte an Gina, und an die Halle mit den Wäscherinnen. Gott im Himmel, so viel tausend Dinge warteten, so viel tausend Becher standen eingeschenkt! Kein Ding auf der Erde, das man nicht hätte malen müssen! Keine Frau in der Welt, die man nicht hätte lieben müssen!“ Klingsors – und Hesses – Lieblingsmonat ist der Juli. Der Maler taucht seinen Pinsel in Kadmium oder Kobalt und zieht „die verfließenden Striche Krapplack durch den gelb und grünen Himmel“. Er will seinen auf Bildern festgehaltenen Eindrücken „Dauer und Unsterblichkeit“ verleihen, ausgerechnet er, „der Vergänglichste, der Ungläubigste, der Traurigste, der mehr als ihr alle an der Angst vor dem Tode leidet“. Zuweilen träumt Klingsor von einem Leben ohne Angst und ohne Schwermut, aber der Traum währt nie lange: „Er wußte, diese Gärten waren ihm unerreichbar. (...) ‚Jeder hat seine Sterne‘, sagte Klingsor langsam, ‚jeder hat seinen Glauben. Ich glaube nur an eines: an den Untergang.‘“ Worauf einer seiner Freunde erwidert: „‚Untergang ist etwas, das nicht existiert. Damit Untergang oder Aufgang wäre, müßte es unten und oben geben. Unten und oben aber gibt es nicht, das lebt nur im Gehirn des Menschen, in der Heimat der Täuschungen. Alle Gegensätze sind Täuschungen: Weiß und Schwarz ist Täuschung, Tod und Leben ist Täuschung, Gut und Böse ist Täuschung. Es

Hermann Hesse 1939, fotografiert von seinem Sohn Martin.

„Die Tessiner Landschaft, die ich im Jahr 1907 zum erstenmal gründlicher kennen lernte, hat mich stets wie eine vorbestimmte Heimat, oder doch wie ein ersehntes Asyl, angezogen.“

(*Wahlheimat* in *Beschreibung einer Landschaft*)

ist das Werk einer Stunde, einer glühenden Stunde mit zusammengebissenen Zähnen, dann hat man das Reich der Täuschungen überwunden.‘“ (*Klingsors letzter Sommer*)

Die Malerei ist für Hesse eine ideale Form der Meditation. Der Gegenstand, der seine Aufmerksamkeit fesselt, ist gleichsam die Achse, um die seine Energien sich sammeln und zu guter Letzt auf den oder das „andere/n“, auf die Begegnung sich richten. Somit wird die Konzentration auf einen Gegenstand zu einer Befreiung vom eigenen Ich.

Hesses ältester Sohn Bruno, der in seiner Kindheit unter den seelischen Krisen der Eltern litt, teilt die Liebe zur Malerei. Am 7. Januar 1928 schreibt Hesse in einem Brief an ihn: „Wenn Du mit mir im Tessin malst, und wir beide das gleiche Motiv malen, so malt jeder von uns nicht so sehr das Stückchen Landschaft als vielmehr seine eigene Liebe zur Natur (...). Für mich ist es, auch wenn ich Dir solche Leiden gern ersparen möchte, trotz allem auch ein Glück, in Dir einen Sohn und jungen Seelenbruder zu haben, der ähnlich empfindet wie ich und Ähnliches leidet wie ich. (...) Und ich bin froh, daß Du, auch wenn wir getrennt sind und ich Dir wenig sein kann, mich manchmal, wenn Du in einem meiner Bücher liest, doch um Dich fühlst und bei Dir hast. (...) Und wenn die ganze Welt uns den Rücken kehrt und nur noch für Boxer schwärmt, so können doch wir beide einander verstehen, lieben und mit unsern Werkchen beschenken und erfreuen. Wir wollen noch viel Schönes miteinander haben, solang ich noch da bin."

Der Anblick der zahlreichen Kapellen, das südliche Klima und die „klangvollere Sprache" haben in Hesse stets die „Erinnerung an einen sanfteren, milderen, mutternahen Zustand des Lebens (geweckt); an kindlicheres, einfacheres, frömmeres, froheres Menschentum". (*Kirchen und Kapellen im Tessin* in *Beschreibung einer Landschaft* und in *Tessin*) In der 1932 erschienenen Erzählung *Die Morgenlandfahrt* treffen Menschen zusammen, für die der Orient nicht länger „ein Land und etwas Geographisches"

Seite 86: Gandria, östlich von Lugano gelegen, war bis 1935 nur per Schiff erreichbar. Trotz der wachsenden Zahl von Touristen, die das Dorf besuchen, ist Gandria noch heute „so etwas wie ein Wunder".
(André Beerli, *Tessin*)

Links: Agnuzzo im Norden von Montagnola. Aquarell aus dem Jahr 1924

Rechts: Magadino im Gambarogno östlich des Lago Maggiore. Dort findet man noch unberührte Natur mit reizvollen Wanderwegen durch Kastanienwälder, Weinberge und Obstgärten.

Unten: Der Lago Maggiore

Seite 89: Gandria am Luganer See

ist, sondern „die Heimat und Jugend der Seele“, eine Dimension jenseits von Raum und Zeit. Zehn Jahre später wird Hesse ihnen das *Glasperlenspiel* widmen, seinen letzten Roman und die Krönung seines Schaffens. Die Pilger in der *Morgenlandfahrt* gehören einem Bund an und werden von einem gewissen Leo durch Süddeutschland, die Schweiz und das Tessin geführt, einem Ziel entgegen, das freilich auf keiner Karte verzeichnet ist: „(Die) große Heerfahrt war nur eine Welle im ewigen Strom der Seelen, im ewigen Heimwärtsstreben der Geister nach Morgen, nach der Heimat.“ (*Die Morgenlandfahrt*) Unter den Pilgern befinden sich dem Leser wohlbekannte Gestalten: die Schriftsteller E. T. A. Hoffmann und Clemens Brentano, der Maler Paul Klee, der Gestiefelte Kater, Sancho Pansa, Hugo Wolf, aber auch Klingsor, Goldmund sowie H. H., der Erzähler der *Morgenlandfahrt*. Hinzu kommen andere, die möglicherweise im Leben des Schriftstellers eine Rolle gespielt haben. So glaubte man in Pistorius und Longus Dr. Lang, den Schüler C. G. Jungs, zu erkennen, in Jup, dem Magier, den Ingenieur und Astrologen Josef Englert, in Louis dem Grausamen den Schweizer Maler Louis Moilliet, den Hesse sehr schätzte.

Die Morgenlandfahrt, sei sie nun Erzählung oder Schlüsselroman, ist die Geschichte einer Reise ins Innere, einer Suche, deren Spielregeln im Lauf der Jahrhunderte von einigen wenigen – die der Leser im Buch antrifft – festgelegt wurden. Die Geschichte zeigt, wie Hesse seine eigene Rolle innerhalb des „Bundes“ sieht und welche Beiträge er zu seiner Fortentwicklung zu leisten gedenkt. „Zu jener Zeit“, so der Erzähler der *Morgenlandfahrt*, „da ich dem Bunde beitreten zu dürfen das Glück hatte, nämlich unmittelbar nach dem Ende des großen Krieges, war unser Land voll von Heilanden, Propheten und Jüngerschaften, von Ahnungen des Weltendes oder Hoffnungen auf den Anbruch eines Dritten Reiches. Erschüttert vom Kriege, verzweifelt durch Not und Hunger, tief enttäuscht durch die anscheinende Nutzlosigkeit all der geleisteten Opfer an Blut und Gut, war unser Volk damals manchen Hirngespinsten, aber auch manchen echten Erhebungen der Seele zugänglich, es gab bacchantische Tanzgemeinden und wiedertäuferische Kampfgruppen, es gab dies und jenes, was nach dem Jenseits und nach dem Wunder hinzuweisen schien; auch eine Hinneigung zu indischen, altpersischen und anderen östlichen Geheimnissen und Kulten war damals weitverbreitet, und all dies hat dazu geführt, daß auch unser Bund, der uralte, den meisten als eines der vielen hastig aufgeblühten Modegewächse erschien und daß er nach einigen Jahren mit ihnen teils in Vergessenheit, teils in Verachtung und Verruf geraten ist."

Doch der Bund ist „keineswegs eine Erscheinung der Nachkriegsjahre, sondern (läuft) durch die ganze Weltgeschichte in einer zwar manchmal unterirdischen, nie aber unterbrochenen Linie". Der Erzähler der *Morgenlandfahrt* versichert ferner, daß „auch gewisse Phasen des Weltkrieges nichts andres gewesen sind als Etappen unsrer Bundesgeschichte" und daß „Zoroaster, Lao-tse, Platon, Xenophon, Pythagoras, Albertus Magnus, Don Quichotte, Tristram Shandy, Novalis, Baudelaire Mitbe-

gründer und Brüder unsres Bundes“ gewesen sind.

Angesichts der Tatsache, daß im damaligen Deutschland die höchsten geistigen Werte zur Rechtfertigung abscheulicher Verbrechen mißbraucht wurden, schien es dringend erforderlich, die Vertreter jener geistigen Richtungen aufzuführen, die von den Anhängern des Nationalsozialismus verurteilt, ja erbittert bekämpft wurden. Diese Strömung als Gegenbewegung zu den blinden, bildungs- und fortschrittsfeindlichen politischen Kräften hat es tatsächlich gegeben. Mag es ihr auch gelungen sein, die wesentlichen kulturellen Werte zu bewahren, so war sie keineswegs vor jenen sicher, die sie zu unterwandern und ihre Stärke zu mindern versuchten.

In Hesses nächstem Buch, seinem Alterswerk *Das Glasperlenspiel*, treten die Anführer des Ordens der Glasperlenspieler von ihrem Amt zurück. Die dort beschriebene Utopie ist Hesses Antwort auf die Machthaber des Dritten Reichs, die mit allen Mitteln versuchen, die Intellektuellen für ihre rassistischen Theorien zu gewinnen. Das Buch wird zur Anklageschrift gegen das Regime der Diktatoren Hitler, Franco, Mussolini und Stalin, die abendländische Traditionen verraten und für ihre verbrecherischen Ziele mißbrauchen. Hesse macht klar, auf wessen Seite er steht: auf der Seite jener, die das Erbe zu bewahren suchen. In einem Brief vom 12. Februar 1936 an Eduard Korrodi, Redakteur der *Neuen Zürcher*

Zeitung, läßt Hesse keinen Zweifel an seiner Haltung dem rassistischen, antisemitischen Deutschen Reich gegenüber aufkommen: „Ich halte es nicht für die Aufgabe des Geistes, dem Blut und der Rasse den Vorrang einzuräumen,

und wenn Juden wie S. widerlich sind, so sind es Arier wie Streicher oder W. Vesper und hundert andere wahrlich nicht weniger. Geht es den Juden gut, so kann ich recht wohl einen Witz über sie ertragen. Geht es ihnen schlecht – und den deutschen Juden geht es höllisch schlecht – dann ist für mich die Frage, für wen ich empfinden solle, für die Opfer oder die Verfolger, sofort entschieden."

Der Feind steht vor den Toren, er ist in uns, will uns zum Verrat bewegen. Hesse, und nicht nur er, hat es sich zur Aufgabe gemacht, uns gegen ihn zu wappnen. Die Ereignisse im Europa des 20. Jahrhunderts haben den Intellektuellen die Dringlichkeit einer Neuordnung des gemeinsamen kulturellen Erbes auf der Grundlage eines ethischen Prinzips und Engagements vor Augen geführt. Jeder einzelne ist aufgerufen, sich für den Fortbestand der Zivilisation und für das Überleben der Menschheit einzusetzen.

Aus Deutschland treffen beunruhigende Nachrichten ein. „Sehr merkwürdig sind mir die Briefe aus dem Reich, die ich von Anhängern des Regimes bekomme, sie sind alle in einer Temperatur von etwa 42 Grad geschrieben, rühmen in großen Worten die Einigkeit, ja sogar die ‚Freiheit', die jetzt im Reich herrsche, und schreiben in der nächsten Zeile wütend über das Saupack von Katholiken oder Sozialisten, dem man es jetzt zeigen werde. Es ist Kriegs- und Pogromstimmung, freudig und schwer betrunken, es sind Töne von 1914, oh-

Durch einen wunderschönen Garten führt eine Zypressenallee zur Villa Favorita in Lugano-Castagnola, die 1687 für Konrad von Beroldingen erbaut wurde. Seit 1932 ist sie im Besitz der Familie Thyssen-Bornemisza. Die Kunstsammlung des Barons Heinrich Thyssen-Bornemisza, von der Teile in einem Museumsanbau öffentlich zugänglich sind (heute befinden sie sich größtenteils in Spanien), zählt zu den bedeutendsten Europas.

ne die damals noch mögliche Naivität. Es wird Blut und anderes kosten, es riecht sehr nach allem Bösen", prophezeit Hesse im Juli 1933 in einem Brief an Thomas Mann. In der von seinem Verleger Samuel Fischer herausgegebenen Zeitschrift *Die Neue Rundschau* bespricht er Bücher, über die sonst niemand mehr zu sprechen wagt: Bücher von Juden, Katholiken oder Protestanten, „deren Gesinnung und Geist dem herrschenden System entgegen ist und die gute Tradition und intellektuelle Ehrlichkeit zu wahren bemüht ist" (Brief vom *17. Januar 1935*). Als er auf Bitten seines Leipziger Verlags seine *Bibliothek der Weltliteratur* für die nächste Auflage überarbeiten und die Namen der jüdischen Autoren herausstreichen soll, weigert er sich.

Ende 1935 wird Hesse von der deutschen Presse – wie schon im Ersten Weltkrieg – als Verräter und Emigrant beschimpft. Diese Angriffe sind also nicht neu für ihn: „Seit 1914 (habe ich) stets die Mächte gegen mich gehabt, die ein religiöses und ethisches (statt politisches) Verhalten nicht erlauben wollen, ich

Die Villa Favorita, ehemals Villa Beroldingen. Rechts ist der Monte San Salvatore zu sehen.

habe hunderte von Zeitungsangriffen und tausende von Haßbriefen seit meinem Erwachen in der Kriegszeit zu schlucken bekommen, und ich habe sie geschluckt, habe mein Leben davon verbittern, meine Arbeit erschweren und komplizieren, mein Privatleben flöten gehen lassen, und immer war ich nicht nur von einer Front her bekämpft, um dafür von einer andern beschützt zu werden, sondern immer haben beide Fronten mich, den zu keiner Partei gehörenden, gern zum Objekt ihrer Entladungen gewählt." (*Brief vom 12. Februar 1936*) In

Aquarell, 1922

Deutschland verschlechtert sich die Situation für ihn mehr und mehr. Zwei Jahre nach dem Tod Samuel Fischers kommt es zu einer Teilung des Verlags in eine reichsdeutsche Hälfte (mit Sitz in Berlin) unter der Leitung von Peter Suhrkamp und eine andere Hälfte, die von Gottfried Bermann Fischer, Fischers Schwiegersohn, als Emigrationsverlag (zunächst von Wien aus) geleitet wird. Immer mehr Bücher Hesses dürfen nicht mehr nachgedruckt werden, und schließlich wird Suhrkamp 1942 die Druckerlaubnis für das *Glasperlenspiel* verweigert. Zwei Jahre später wird der Verleger von der Gestapo verhaftet und in den Konzentrationslagern Ravensbrück und danach Sachsenhausen interniert. Hesses Buch erscheint 1943 bei Fretz & Wasmuth in Zürich.

In seinem Vorwort zur französischen Ausgabe der *Morgenlandfahrt* von 1948 schreibt

Die Villa Favorita beherbergt einen Teil der Kunstsammlung Thyssen-Bornemisza. Sie umfaßt insgesamt 1460 Gemälde und andere Kunstwerke, die vor allem auf dem Gebiet der Malerei und der Bildhauerei die Entwicklung der europäischen Kunst veranschaulichen.

André Gide: „Hermann Hesses gesamtes Werk ist ein dichterisches Bemühen um die Befreiung von allem Künstlichen, ein Versuch, sich dem Willkürlichen, Erzwungenen zu entziehen und den gefährdeten Eigenwert immer aufs neue zu behaupten. Bevor man eine solche Integrität anderen anrät, muß man sie selber haben. Hesse erreicht dies durch reine Menschlichkeit. So tief und von Grund auf deutsch er ist, erst dadurch, daß er Deutschland den Rücken kehrte, konnte er seine Integrität bewahren. Sie sind sehr selten, jene Deutschen, die sich nicht haben beugen lassen, die sich treu zu bleiben wußten. An sie wendet sich Hesse, wenn er sagt: ‚Ihr seid nur wenige, aber auf Euch beruht Deutschlands Zukunft.' Diese sind es, mit denen wir uns verständigen könnten, mit ihnen müssen wir ins Gespräch kommen."

1946 wird Hesse, der sich „als wacher Mensch an wache Menschen jenseits aller Grenzen" wendet, um Henry David Thoreau zu zitieren, mit dem Nobelpreis geehrt. Seine mühsam aufgebaute, friedvolle Existenz am Rande einer zerstörten Welt wird durch diese Auszeichnung empfindlich gestört werden.

Blick vom Hotel Waldhaus in Sils-Maria im Engadin. Dorthin flüchteten Hermann und Ninon Hesse vor der Touristenflut, die sich in den Nachkriegsjahren ins Tessin ergoß.

In Kastalien

„Zu den mir bestimmten, mir gemäßen und wichtigen Erlebnissen gehören nächst den menschlichen und geistigen auch die der Landschaft.“ (*Engadiner Erlebnisse* in *Beschreibung einer Landschaft*) Aquarell, April 1926

Als Hesse 1946 der Nobelpreis für Literatur zuerkannt wird, ist der Schriftsteller für niemanden zu erreichen. Der Schweizer Botschafter nimmt die Auszeichnung entgegen und liest Hesses Dankesrede vor: „Indem ich Sie bei Ihrem festlichen Zusammensein herzlich und ehrerbietig begrüße, gebe ich vor allem meinem Bedauern darüber Ausdruck, daß ich nicht selbst Ihr Gast sein, Sie begrüßen und Ihnen danken kann. Ich bin stets von sehr zarter Gesundheit gewesen, und die Strapazen der Jahre seit 1933, die mein gesamtes Lebenswerk in Deutschland vernichtet (...) haben, haben mich vollends dauernd invalide gemacht. (...) Darin, daß der mir verliehene Preis zugleich eine Anerkennung der deutschen Sprache und des deutschen Beitrags an die Kultur bedeutet, sehe ich eine Gebärde der Versöhnlichkeit und des guten Willens, die geistige Zusammenarbeit aller Völker wieder anzubahnen.“

Mit der Verleihung des Nobelpreises an Hesse sollen auch alle jene Deutsche geehrt werden, die aktiven oder passiven Widerstand gegen das Hitler-Regime geleistet haben. Doch „die Mehrheit jener, die diesen zwölf Jahre währenden Alptraum überlebt haben, sind gebrochen und nicht mehr fähig, am Wiederaufbau teilzunehmen". Vermutlich gilt das auch für den Schriftsteller, der sich in einem von einem befreundeten Arzt geleiteten Sanatorium in der Nähe von Neuchâtel in der Westschweiz aufhält. Er kehrt erst nach Montagnola zurück, als sich die ganze Aufregung gelegt hat.

Die Nachricht von der Nobelpreisverleihung hat bei seinen Lesern in aller Welt große Freude ausgelöst. Zu Hause in Montagnola stapeln sich Berge von Post. Hesse öffnet die ersten Briefe mit einer gewissen Besorgnis: Oft genug in seinem Leben hat er Schmähschriften von Leuten erhalten, die ihm Verrat an Deutschland vorwarfen. Beim Lesen wird ihm schnell klar, daß das Mißverständnis, das ihn

Über den Albulapaß (2312 m) oberhalb von La Punt gelangt man nach Preda und Bergün.

schon immer belastete, fortbesteht: Er fühlt sich nicht als Jubilar, nicht als der „Weise", der Führer, „Lehrer und Vordenker", für den viele seiner Leser ihn halten. Sie erwarten von ihm, daß er ihnen nicht nur das Zeitgeschehen erläutere, sondern auch einen Weg aus den Trümmern weise. Sie haben seine Botschaft offensichtlich nicht verstanden. Hat es da noch einen Sinn weiterzumachen?

Das Glasperlenspiel liegt bis dahin nur in der Schweiz vor, was die Zahl der Leser in Grenzen hält. Wird es diesem Alterswerk gelingen, denjenigen die Augen zu öffnen, die sich den Verfasser als Führer eines Geheimbundes vorgestellt haben? Seit dreißig Jahren wird ihm politische Distanz zu Deutschland vorgeworfen; kann man diese Vorwürfe einfach ignorieren? Soll er einen Schlußstrich ziehen und weitermachen, als ob nichts gewesen wäre? Oder vielmehr die Gelegenheit zu Erklärungen nutzen? Und womöglich alle Briefe beantworten?

Er wird in Kürze seinen 70. Geburtstag feiern. Fotos aus jener Zeit zeigen einen alten Mann mit einem weisen Gesicht, in dem das Leben seine Spuren hinterlassen hat, und Augen, die hinter die Fassade der Dinge blicken. Seine Erscheinung strahlt Würde und Gelassenheit aus.

Er setzt sich an seinen Schreibtisch, sortiert die Post. Er hat eine Entscheidung getroffen. Er will seinen Lesern antworten, auch wenn ihm das Kräfte rauben wird, die er sinnvoller für sein literarisches Schaffen einsetzen könnte.

Hesse, fotografiert von seinem Sohn Martin 1952. „In einer modernen Stadt, inmitten von kahler Nutz-Architektur, inmitten von Papierwänden, inmitten von imitiertem Holz, inmitten von lauter Ersatz und Täuschung zu leben, wäre mir vollkommen unmöglich, ich würde da sehr bald eingehen." (*Wahlheimat* in *Beschreibung einer Landschaft*)

Die Reaktionen auf *Das Glasperlenspiel* fallen sehr unterschiedlich aus. Der utopische Roman, den die *Morgenlandfahrt* bereits anzukündigen schien, ist anders als alles, was der Schriftsteller bisher geschrieben hat, und zeugt von einem radikalen Wechsel der Perspektive. Die „pädagogische Provinz" Kastalien sei zeitlich etwa zweitausend Jahre nach der Gründung des Benediktinerordens und nach dem Tod Papst Pius' XV. angesiedelt, heißt es im Vorwort. Um dem Untergang der Staaten entgegenzuwirken, die machtlos gegen die Probleme der modernen Zeit und ihre Auswirkungen auf die in Widersprüche verstrickte Gesellschaft sind, hat sich eine geistige Elite unter der Führung des Magister Ludi Josef Knecht eines neuartigen Apparates bemächtigt, der „Mathematik und Musik gleichsam auf einen gemeinsamen Nenner“ bringt. Erfunden wurde das Instrument von einem gewissen Bastian Perrot aus Calw (wir erinnern uns, daß Hesse in den Jahren 1894/95 eine Lehre in der Calwer Turmuhrenfabrik Perrot absolvierte), einem „etwas wunderlichen Musiktheoretiker“. Er hatte, „nach dem Vorbild naiver Kugelzählapparate für Kinder, einen Rahmen mit einigen Dutzend Drähten darin, auf welchen er Glasperlen von verschiedener Größe, Form und Farbe aneinanderreihen konnte“, konstruiert. Das Glasperlenspiel, so Hesse, „bedeutete eine erlesene, symbolhafte Form des Suchens nach dem Vollkommenen, eine sublime Alchimie, ein Sichannähern an den über allen Bildern und Vielheiten in sich einigen Geist, also an Gott“ (*Das Glasperlenspiel*).

Die Bahnlinie durch das Val Bernina östlich von St. Moritz ist eine der höchstgelegenen in ganz Europa.

Hesses Stil ist freier geworden, er hat den Hang zur Selbstbespiegelung, den manche Leser ihm übelnahmen, abgelegt. Das Thema des Buchs ist die Wahrung kultureller Werte, die vom nationalsozialistischen Deutschland ebenso bedroht sind wie von der modernen Zivilisation. Knecht und die Auserwählten Kastaliens sind Diener eines Ordens, der einer auf Konsum ausgerichteten Gesellschaft entgegenwirkt. „(Die kleine kastalische Welt) stand als Schule und Zuflucht jener kleinen Zahl von Menschen offen, deren Bestimmung es schien, ihr Leben dem Geist der Wissenschaft und der Wahrheit zu widmen.“ Aber auch die Gefahren, die eine solche Alternativ-Welt in sich birgt, nimmt Hesse in seiner Darstellung vorweg: Das Verleugnen des Primitiven, des Ursprünglichen, das jeder Mensch in sich trägt, ist keine Garantie für das Gelingen der pädagogischen Mission der kastalischen Institutionen, die darin besteht, „eine Oberschicht des Geistes heranzubilden“. Der „Ordensdünkel“ der Kastalier verhindert die Ausbildung des Bewußtseins für den Zusammenhang zwischen dem Glasperlenspiel und dem praktischen Leben: Wissenschaft und Bildung um ihrer selbst willen verlieren ihre Daseinsberechtigung. Josef Knecht tritt von seinem Amt zurück, um in den Alltag, zu den Menschen zurückzukehren. „Ist es nicht eine künstliche, sterilisierte, schulmeisterlich beschnittene Welt, eine Halb- und Scheinwelt bloß, in der ihr da feige vegetiert, eine Welt ohne Laster, ohne Leidenschaften, ohne Hunger, ohne Saft und ohne Salz, eine Welt ohne Familie, ohne Mütter, ohne Kinder, ja beinahe ohne Frauen!" „Ein Drohnenleben" führen die Kastalier, „ohne viel lästige Pflichten", und um der Langeweile vorzubeugen, „zählt (man) Silben und Buchstaben, musiziert und spielt das Glasperlenspiel, während draußen im Schmutz der Welt arme gehetzte Menschen das wirkliche Leben leben und die wirkliche Arbeit tun" (*Das Glasperlenspiel*).

Nicht Abkapselung von der Welt kann die Lösung sein, sondern Bewährung in ihr und gleichzeitiger Einsatz für universelle geistige Werte. Die Welt braucht Knecht, auch wenn Knecht sie nicht braucht. Weisheit erlangt nur der Mitfühlende, derjenige, der sich engagiert, der bereit ist, gemeinsam mit seinen Mitmenschen die Bürde des Daseins zu tragen. Dieser letzte Roman Hesses ist eine Art geistiges Vermächtnis, ein Plädoyer für Kultur und Menschlichkeit und ein Aufruf an die westlichen Gesellschaften, die hohen Werte ihrer Tradition zu verteidigen. Zwanzig Jahre lang hat der Schriftsteller seine eigene existentielle Krise bis ins Detail vor seinen Lesern ausgebreitet, jetzt zeigt er auch das Leid und Unglück anderer und wandelt sich vom Intellektuellen zum Therapeuten, der sich seiner Diagnose und Methoden sicher ist.

„Wenn ich nicht im Grunde ein sehr arbeitsamer Mensch wäre, wie wäre ich je auf die Idee gekommen, Loblieder und Theorien des Müßiggangs auszudenken?" (*Brief vom April 1928*) Aufnahme aus dem Jahr 1952

Seit den dreißiger Jahren hat Hesse zweimal, in der *Morgenlandfahrt* und später im *Glasperlenspiel*, das gleiche Thema aufgegriffen: eine an Regeln gebundene Gemeinschaft der Besten der westlichen Zivilisation, mit der er, hochgebildeter Schriftsteller in der Tradition eines Goethe und eines Thomas Mann, sich zeitlebens beschäftigt hat.

Der weltweite Erfolg und die Verleihung des Nobelpreises veranlassen Hesse keineswegs, sein asketisches Einsiedlerdasein aufzugeben. Im Gegenteil. Er kapselt sich ab und weicht unangemeldeten Besuchern aus. Je älter er wird, desto unerträglicher ist es ihm, Konversation pflegen zu müssen. „Diese Abneigung war, wie überhaupt der Hunger nach Stille und Alleinbleiben, in den letzten Jahren immerzu gestiegen, ich war es unendlich müde und überdrüssig geworden, ‚in der Leute Mund' zu sein, es war längst kein Spaß und keine Ehre mehr, sondern ein Unglück". Sein Haus in Montagnola, einstmals seine Zuflucht, wird mittlerweile ständig von Besuchern belagert. Der Preis des Erfolgs ist hoch, so hoch, daß Hesse zuweilen bedauert,

Seite 103: Sils-Maria im Engadin. Nietzsche wohnte hier in den Sommermonaten der Jahre 1881 bis 1888.

Unten: Ponte Tresa gegenüber der Halbinsel im Luganer See. Aquarell, Juni 1925

überhaupt Bücher veröffentlicht zu haben. Bis in die verborgensten Winkel seines Weinbergs wird er verfolgt von Leuten, die es sich in den Kopf gesetzt haben, „ihn aufzustöbern, ihm seinen Garten und sein Privatleben zu zertrampeln, ihm durchs Fenster auf seinen Arbeitstisch zu glotzen und ihm den Rest von Achtung vor den Menschen samt dem Glauben an den Sinn seines Daseins vollends zu zerschwatzen". Von 1949 bis zu seinem Tod zieht sich Hesse regelmäßig nach Baden bei Zürich oder nach Sils-Maria im Engadin zurück. „Kein Topf ist so groß, daß er nicht einmal überliefe." (*Aufzeichnungen bei einer Kur in Baden*)

Den heiteren Aspekt der Aufenthalte in Baden hat er in seinem 1925 erschienenen *Kurgast* festgehalten, einem, wie er selbst meinte, gelungenen literarischen Experiment. Er habe sehr viel nachgedacht, beobachtet, geträumt und geschrieben in dem alten Hotel Verenahof in Baden. So hat er dort unter anderem an *Narziß und Goldmund*, an der *Morgenlandfahrt* und am *Glasperlenspiel* gearbeitet, und er hat Gedichte geschrieben, die seine Verletzungen widerspiegeln und seine Zweifel über den Sinn und Wert seines Lebens und Werks. Was ihn über eigenes Leiden hinwegtröstet, ist die Begegnung mit anderen Kurgästen, der Vergleich mit Menschen, denen es viel schlechter geht als ihm. Der Anblick der Kranken hat eine heilsame Wirkung auf ihn, ist ihm „ein tausendmal wiederkehrender, unerschöpflicher Trost". Von der Kraft, die er daraus schöpft, zehrt er die nächsten einsamen Monate in seiner Tessiner Einsiedelei. Die Erkenntnis, „daß ringsum Leute hinkten, Leute krochen, Leute seufzten, Leute in Krankenstühlen fuhren, welche viel kränker waren als ich, viel weniger Grund zu guter Laune und zur Hoffnung hatten als ich" (*Kurgast*), tröstet ihn. Das Zusammengehörigkeitsgefühl der „socios habere malorum", der Leidensgenossenschaft, wie er es nennt, reißt die Menschen aus ihrer Einsamkeit und gibt ihnen neuen Lebensmut. Das gleiche Gefühl einte die Morgenlandfahrer, die Bundesbrüder, die sich auf der Suche nach fernöstlichen Alternativen von der modernen westlichen Zivilisation abgewandt hatten.

Aber die Probleme des Alltags holen ihn immer wieder ein. Hesse hat es sich zur Pflicht gemacht, die zahlreichen Briefe aus aller Welt, die ihn täglich erreichen, zu beantworten und den unterschiedlichsten Anliegen gerecht zu werden. Fast täglich empfängt er auch Besucher. Ja, er ist sogar telefonisch zu erreichen, das heißt, seine Frau Ninon nimmt den Hörer ab und entscheidet, für wen er zu sprechen ist.

In diesen Nachkriegsjahren ergießen sich Ströme deutscher Touristen ins Tessin. Lugano hat sich, wie André Beerli es ausdrückt, zu einem „Süßwasser-Rio-de-Janeiro" entwickelt, ein Vorgang, den Hesse grimmig und doch humorvoll schon 1927 voraussah: „In dem kleinen Lugano sind ein Viertel der Einwohner von Berlin, ein Drittel von Zürich, ein Fünftel von Frankfurt und Stuttgart anzutreffen, auf den Quadratmeter kommen etwa zehn Menschen, täglich werden viele erdrückt, und dennoch spürt man keine Abnahme (...). Es sind selbstverständlich reizende Menschen, sie nehmen mit unendlich wenigem vorlieb, zu dreien schlafen sie in einer Badewanne oder auf dem Ast eines Apfelbaumes, atmen dankbar und ergriffen den Staub der Autostraßen ein, blicken durch große Brillen aus bleichen Gesichtern klug und dankbar auf die blühenden Wiesen, welche ihretwegen mit Stacheldraht umzäunt sind (...). Es sind reizende Menschen, diese Fremden, wohlerzogen, dankbar, unendlich bescheiden, sie überfahren einander gegenseitig mit ihren Autos ohne zu klagen, irren tage-

lang von Dorf zu Dorf, um ein noch freies Bett zu suchen, vergebens natürlich, sie photographieren und bewundern die in längst verschollene Tessiner Trachten gekleideten Kellnerinnen der Weinlokale und versuchen italienisch mit ihnen zu reden, sie finden alles reizend und entzückend und merken gar nicht, wie sie da, Jahr um Jahr mehr, eine der wenigen im mittlern Europa noch vorhandenen Paradiesgegenden eiligst in eine Vorstadt von Berlin verwandeln." (*Rückkehr aufs Land* in *Beschreibung einer Landschaft* und in *Tessin*) Das gilt nicht nur für Lugano, sondern mittlerweile für alle Orte im Tessin, die mehr und mehr unter den Auswirkungen des Fremdenverkehrs zu leiden haben. Es scheint nicht mehr möglich, eine Stunde lang spazierenzugehen, ohne auf Touristen zu stoßen. „Auch nicht in der Wüste Gobi, auch nicht in Turkestan."

Hesse macht ironische Vorschläge, wie man die lästigen Touristenschwärme in die Flucht schlagen könnte: indem man beispielsweise auf die Typhusfälle in der Gegend verweist oder behauptet, im April sei es in Lugano am schönsten (während es in Wirklichkeit meistens regnet), oder vor der unerträglichen Sommerhitze warnt. Jedes Mittel wäre ihm recht, die Eindringlinge abzuhalten. Doch es hilft alles nichts. Jedes Jahr um Ostern herum ergießen sich die Menschenmassen über den Gotthard ins Tessin. Die Einheimischen verkriechen sich und müssen ohnmächtig mitansehen, wie ihr Land überflutet wird. „Jetzt aber, im Frühling, drücken wir ein Auge zu, oft auch beide, halten unsre Haustüren gut verschlossen und sehen hinter geschlossenen Läden hervor der schwarzen Menschenschlange zu, die sich, ein fast ununterbrochener Heerwurm, Tag für Tag durch alle unsre Dörfer zieht und ergreifende Massenandachten vor den Resten einer einst wahrhaft schön gewesenen Landschaft begeht." (*Rückkehr aufs Land* in *Beschreibung einer Landschaft* und in *Tessin*)

Seite 104: Sils-Maria, für Nietzsche der schönste Ort auf Erden. Hesse hat in den Jahren 1949 bis 1961 die Sommermonate im Hotel Waldhaus verbracht.

Oben: Surlej oberhalb des Silvaplaner Sees

Neben der Befürchtung, das neue Phänomen des Massentourismus könne Natur und Landschaft gefährden, finden auch andere Ängste Eingang in Hesses Werk. Nach dem Zweiten Weltkrieg ist der Westen so sehr mit dem Wiederaufbau beschäftigt, daß ihm keine Zeit bleibt, sich über die Gründe der Zerstörung klarzuwerden. Scham empfinden nur einige wenige, doch die haben sich endgültig zurückgezogen. Hab- und Lebensgier beherrschen die Welt, niemand macht sich Gedanken über die Zukunft der Menschheit. „Es handelt sich darum, ob Europa noch eine Kultur, eine Sitte, einen geistigen Kern habe", schrieb Hesse bereits 1926 an die Redaktion des *Ostwart-Jahrbuchs,* „und diese Frage muß ich verneinen. Sei unsre Kultur nun christlich gewesen oder nicht, vorhanden ist sie nicht mehr, und das wahrhaft teuflische, kaum mehr erträgliche Leben, das Europa heute führt, dieses vollkommen geistlose, kunstlose, ungebändigte, ungeformte, maschinelle Leben ist nach meiner Meinung ein Zustand, der nicht sehr lange dauern kann. Wir Zarteren gehen schon heute daran zugrunde, hängen uns auf oder saufen uns mit Alkohol zu Tode oder versinken in erstarrte Vereinsamung, und die Menge wird wenig später nachfolgen, es wird ein Lebensekel entstehen, der vollends gründlich mit den Resten der gewesenen Kultur aufräumt."

Trotz allem ist das Tessin nach wie vor ein Stück intakte Welt für den Schriftsteller. Die Sonne scheint, der See funkelt. Warum nicht den lauen Abend zu einem Spaziergang nutzen?

Celerina (rätoromanisch Schlarigna) unweit von St. Moritz im Engadin

Die Kirche San Gian bei Celerina, in der Hesse Konzerte hörte

Von 1931 bis zu seinem Tod 1962 bewohnte Hesse mit seiner Frau Ninon dieses Haus, das der Mäzen Hans C. Bodmer für sie gebaut hatte. Hier arbeitete er an seinem Roman *Das Glasperlenspiel* und führte nach dem Krieg eine rege Korrespondenz mit Lesern aus aller Welt. Er malte auch und arbeitete oft im Garten.

In den Sommermonaten bis 1928 gehörte es zu Hesses Gewohnheiten, „den Berg zum Strande hinabzusteigen“. Das Wasser ist warm, aber am Spätnachmittag kräuselt ein leichter Wind die Wasseroberfläche. „Manchmal nehme ich Zeichenblock und Wasserfarben mit und Proviant und eine Zigarre, um den ganzen Abend da zu bleiben. Der Pfad führt schmal und jäh hinab, der Sonne entgegen, die von Mittag an auf diese Seite des Berges brennt. Im dünnen Leinenzeug renne ich hinab, Eidechsen stieben überall ins verbrannte Gras, schon stehen hier und da einzelne Akazienzweige goldgelb, alles brennt, alles neigt fiebernd schon dem Tod und Herbst entgegen, schweigt, wartet, dürstet, senkt das Haupt.“ Platanen und Silberweiden werfen ihren Schatten auf den Strand. „Auf glühendem Kiesgeröll blau und tiefgrün kommt Welle um Welle heran, leckt am rot und orangenen Strand, rückt am Steingeschiefer, spielt mit dem Schwemmholz, knistert im dünnen Schilf.“ Er hängt seinen Rucksack an einen Ast und entledigt sich der Kleider. Das Wasser ist so warm wie die Luft. Er muß schon ein Stück weit hinausschwimmen, wo es kühler ist, damit es ihn erfrischt. Zurück am Strand, legt er sich in die Sonne und wärmt sich auf, um sich dann ein weiteres Mal im See abzukühlen. Das Spiel spielt er ein paarmal, „Rennen und Ruhen, Brennen und Erlöschen, Rasen und Erschlaffen“. Als es Zeit ist, nach Hause zu gehen, denkt er „mit Mißvergnügen an den steilen Heimweg den Berg hinan“. Er setzt sich auf. „Jenseits der kleinen Schilfbucht, zweihundert Schritte vielleicht entfernt, sehe ich am Ufer, bei der Bootshütte, etwas Blaues erscheinen, einen Flecken reines schönes Hellblau mitten im braunen, grünen, rosigen Farbengewühl des Strandes. (...) Und siehe, über dem Blau ist sanftes Weiß, darüber nochmals ein kleiner Fleck Blau, ein Kopftuch, eine Mütze.“ Ein paar junge Frauen aus dem Dorf sind zum Baden an den See gekommen. „Wie warm und köstlich geht das jedesmal durchs Blut! Selten sieht man hier Frauen baden, sie sind scheu, und ihre Scheu wird heilig gehalten. Niemand in diesem Lande hätte Sinn für den nackten Menschenmarkt eines Seebades. (...) Ich bleibe ruhig sitzen, ich darf nicht näher gehen. (...)

Aquarell, datiert vom 19. August 1923, im Besitz von Burkard Wenger in Ronco sopra Ascona

Rechts: Samedan, zwischen St. Moritz und La Punt im Engadin

Warum ist das so schön und erregend und Liebe weckend? Ein paar badende Mädchen? Vielleicht sind sie ja gar nicht schön, vielleicht ist keine dabei, der ich auch nur einen Kuß geben möchte, wenn ich sie von nahem sähe." Doch die Silhouetten in der Ferne genügen, ihn „froh und verliebt" zu machen. Die Sonne verschwindet hinter dem Monte Agnola, der Strand liegt jetzt vollständig im Schatten. Die Mädchen waten aus dem Wasser und gehen in die Bootshütte. Hesse hört sie drinnen schwatzen, als er vorbeigeht. „Wenn ich einen Stock hätte, würde ich an die Wand klopfen. Ich habe aber keinen; ich werde mir, für den Aufstieg, erst im Walde einen schneiden." (*Strand* in *Tessin*)

Rechts: Hermann Hesse, fotografiert von Martin Hesse 1949

Seite 111: Celerina im Norden von St. Moritz. Der beliebte Ferien- und Wintersportort ist Ausgangspunkt für viele Rundwege in das für seine Alpenflora berühmte Val Saluver.

Eine junge blonde Frau kommt ihm entgegen und wirft ihm einen Blick zu, der seine Phantasie beflügelt. Zum Träumen ist man nie zu alt. „Junge Frau mit dem frischen Gesicht, ich will deinen Namen nicht wissen. Meine Liebe zu dir will ich nicht hegen und mästen. Du bist nicht das Ziel meiner Liebe, sondern ihr Antrieb. Ich schenke diese Liebe weg, an die Blumen am Weg, an den Sonnenblitz im Weinglas, an die rote Zwiebel des Kirchturms. Du machst, daß ich in die Welt verliebt bin." Er bekennt, „zu den Windbeuteln (zu gehören), welche nicht eine Frau, sondern nur die Liebe lieben". Hat er nicht ein Leben lang die schönen Blumen am Wegesrand gepflückt? „Wir Wanderer sind alle so beschaffen. Unser Wandertrieb und Vagabundentum ist zu einem großen Teil Liebe, Erotik. Die Reiseromantik ist zur Hälfte nichts anderes als Erwartung des Abenteuers. Zur andern Hälfte aber ist sie unbewußter Trieb, das Erotische zu verwandeln und aufzulösen. Wir Wanderer sind darin geübt, Liebeswünsche gerade um ihrer Unerfüllbarkeit willen zu hegen, und jene Liebe, welche eigentlich dem Weib gehörte, spielend zu verteilen an Dorf und Berg, See und Schlucht, an die Kinder am Weg, den Bettler an der Brücke, das Rind auf der Weide, den Vogel, den Schmetterling. Wir lösen die Liebe vom Gegenstand, die Liebe selbst ist uns genug, ebenso wie wir im Wandern nicht das Ziel suchen, sondern nur den Genuß des Wanderns selbst, das Unterwegssein." (*Dorf* in *Wanderung*)

Viel Zeit ist seitdem vergangen. Hesse erhält Tag für Tag Briefe von Bittstellern, von Menschen, die ihm ihr Herz ausschütten oder sich eine Lösung ihrer Probleme von ihm erhoffen. Auf der Suche nach Ruhe ist er nach Graubünden, ins obere Engadin, geflohen. Entdeckt hatte er die Gegend mit seiner ersten Frau Maria Bernoulli. Einige Jahre später war er auf Einladung seines Verlegers Samuel Fischer nach Sils-Maria gefahren, wo er im Hotel Waldhaus wohnte. Dorthin flüchten sich Hermann und Ninon von 1949 bis 1961 fast jedes Jahr. Die Landschaft im äußersten Osten der Schweiz gefiel Hesse auf Anhieb. Die Gegend um St. Moritz ist damals, wir schreiben das Jahr 1953, noch weitgehend unberührt vom Tourismus. Hesse ist im Sommer 76 Jahre alt geworden. Der Blick vom Hotelzimmer auf die Landschaft, die auch nach so langer Zeit nichts von ihrem Zauber eingebüßt hat, veranlaßt ihn, folgende Zeilen zu schreiben: „Zu den mir bestimmten, mir gemäßen und wichtigen Erlebnissen gehören nächst den menschlichen und geistigen auch die der Landschaft. Außer den Landschaften, die mir Heimat waren und zu den formenden Elementen meines Lebens gehören: Schwarzwald, Basel, Bodensee, Bern, Tessin habe ich einige, nicht sehr viele, charakteristische Landschaften mir durch Reise, Wanderung, Malversuche und andre Studien angeeignet und sie als für mich wesentlich und wegweisend erlebt, so Oberitalien und namentlich die Toskana, das Mittelländische

Seite 112 und links: Das Hotel Waldhaus in Sils-Maria

Meer, Teile von Deutschland und andre. Gesehen habe ich viele Landschaften und gefallen haben mir beinahe alle, aber zu schicksalhaft mir zugedachten, mich tief und nachhaltig ansprechenden, allmählich zu kleinen zweiten Heimatländern aufblühenden wurden mir nur ganz wenige, und wohl die schönste, am stärksten auf mich wirkende von diesen Landschaften ist das obere Engadin.“ (*Engadiner Erlebnisse* in *Beschreibung einer Landschaft*)

Hesse, ein großer Bewunderer Nietzsches, hat natürlich gewußt, was diese Gegend für den Autor von *Götterdämmerung* und *Also sprach Zarathustra* bedeutete, der fünf Jahre lang jeden Sommer in Sils-Maria verbrachte. Auch Thomas Mann war Gast im Hotel Waldhaus. Die beiden Schriftsteller verband eine langjährige, auf gemeinsamen Interessen und Ansichten gründende Freundschaft.

Im Hotel wartet ein Päckchen auf Hesse: einige Exemplare des neuaufgelegten Romans *Narziß und Goldmund*, die sein Verleger ihm geschickt hat. Seit den Korrekturen zur ersten Auflage vor 25 Jahren hat er ihn nicht mehr gelesen. Mit gemischten Gefühlen macht er sich an die Lektüre. Aber zunächst erwartet ihn ein

Folgende Doppelseite: Blick vom Hotel Waldhaus auf den Silser See

Rechts: Hermann Hesse und Thomas Mann im Jahr 1929 in Cantarella über St. Moritz

Seite 117: Der 2284 Meter hohe Julierpaß. In Richtung Silvaplana und St. Moritz bietet sich ein atemberaubender Blick auf die verschneiten Gipfel von Bernina (4049 m) und Piz Corvatsch (3451 m) sowie den Silvaplaner und den Champfèrer See.

Vergnügen ganz anderer Art: Der Cellist Pierre Fournier, ebenfalls regelmäßiger Sommergast im Hotel Waldhaus, hat den Hesses angeboten, für sie allein zwei Suiten von Johann Sebastian Bach zu spielen. Die Musik ist für den Dichter immer schon „Rettung und Zuflucht" gewesen, auch als er „im Dreck der deutschen Schande und des Krieges" zu ersticken drohte und seine persönlichen und beruflichen Krisen durchmachte. „Mit der Geige und ein wenig Singen habe ich in den Knabenjahren die ersten Schritte ins Reich der Musik getan, die Schwestern und namentlich Bruder Karl spielten Klavier." Die schönste Musik sei für ihn die, „bei der man selber mittätig" sein kann. „Mit den Jahren wurde ich eher überempfindlich gegen den Zauber der Könner und jenes vielleicht winzige Zuviel an Kraft, Leidenschaft oder Süße, das sie einem Werk hinzufügten, ich liebte weder die geistreichen noch die traumwandlerischen Dirigenten und Virtuosen mehr und wurde ein Verehrer der Sachlichkeit, jedenfalls ertrage ich seit Jahrzehnten ein Übertreiben nach der asketischen Seite hin weit leichter als das Gegenteil." Der Vortrag dauert etwa anderthalb Stunden, „mit kurzen Pausen und wenig Gespräch dazwischen, und die kraftvoll, genau und herb gespielte Musik schmeckte mir wie einem Verschmachtenden Brot und Wein, sie war Nahrung und Bad und half der Seele wieder zu Mut und zu Atem kommen". Diese Zeilen erinnern an jene Seiten im *Glasperlenspiel*, wo Hesse die Kraft des Geistes in Beziehung setzt zu den Klängen, die ein Spieler seinem Klavichord oder Cembalo entlockt. Ein-, zweimal in der Woche hören sich Hesse und seine Frau, die seine Musikleidenschaft teilt, ein Konzert im Radio an. Für die beiden ist das „eine ernst-heitere, große, im Konzertsaal nie ganz zu verwirklichende Feier". (*Engadiner Erlebnisse* in *Beschreibung einer Landschaft*)

Als Hesse das Wandern zu beschwerlich wird, erkunden er und Ninon die Umgebung im Auto. Auf einer kleinen staubigen Straße fahren sie nach St. Moritz und von dort weiter

nach La Punt. Auf der Paßhöhe legen sie eine kurze Rast ein. Das Panorama läßt Erinnerungen wach werden, beschwört die Vergangenheit herauf: „Unverändert blickten die kahlen schroffen Steinrücken und Geröllfelder herab, und wir hatten für eine kleine Weile jenes ebenso wohltuende wie mahnende Gefühl, das der Aufenthalt am Meere oder in einer menschen- und kulturlosen Bergwelt geben kann, das Gefühl außerhalb der Zeit geraten zu sein oder doch in einer Art von Zeit zu atmen, die keine Minuten, Tage und Jahre kennt und zählt, sondern nur übermenschliche, jahrtausendweit voneinander entfernte Meilensteine." Am Spätnachmittag fahren sie über die Julierstraße zurück, „auf Bivio und seine doppelstämmigen Kiefern zu, über denen steil die Felswände aufragen, unter einem dramatischen, bewegten Himmel. Die Atmosphäre erinnert an ein Gemälde von Caspar David Friedrich oder auch von Grünewald." Der Rückweg führt über Preda, Bergün, Tiefencastel. (*Engadiner Erlebnisse* in *Beschreibung einer Landschaft*)

Das Buch, in dem er an diesem Abend blättert und dann zu lesen beginnt, sein Roman *Narziß und Goldmund*, reißt alte Wunden auf. Es war eines seiner erfolgreichsten Bücher, eine Zeitlang „in der Leute Mund", aber neben dem *Steppenwolf* auch dasjenige, das ihm die meisten Vorwürfe eingetragen hat. „Es erschien nicht lang vor der letzten Krieger- und Heldenepoche Deutschlands und war in hohem Grade unheldisch, unkriegerisch, weichlich und, wie man mir sagte, zur zuchtlosen Lebenslust verführend, es war erotisch und schamlos, deutsche und schweizerische Studenten waren dafür, daß es verbrannt und verboten werden müsse, und Heldenmütter teilten mir, unter Anrufung des Führers und der großen Zeit, ihre Entrüstung in oft mehr als unartigen Formen mit.“ Die Ablehnung, die „Schimpfworte und Ohrfeigen“, die er hatte einstecken müssen, sprachen aber seiner Meinung nach eher für das Buch. Der Künstler und Vagabund Goldmund war „nicht nur im Klingsor, sondern auch schon im Knulp präformiert, wie Kastalien und Josef Knecht in Mariabronn und in Narziß“. Hesse war also trotz aller Krisen „(seinem) Wesen treu geblieben“. (*Engadiner Erlebnisse* in *Beschreibung einer Landschaft*)

Die Frage, wer Hermann Hesse wirklich war, scheinen weder Leser noch Kritiker befriedigend beantworten zu können. „Meine Bekannten und die Beurteiler meiner Schriften sind beinahe alle der Meinung, ich sei ein Mann ohne Grundsätze. Aus irgendwelchen Beobachtungen und aus irgendwelchen Stellen meiner Bücher schließen diese wenig scharfsinnigen Leute, ich führe ein unerlaubt freies, bequemes Leben ins Blaue hinein. Weil ich morgens gern lang liegen bleibe, weil ich mir in der Not des Lebens hie und da eine Flasche Wein erlaube, weil ich keine Besuche empfange und mache, und aus ähnlichen Kleinigkeiten schließen diese schlechten Beobachter, ich sei

Links: Wasserfall bei Chiavenna im Engadin

ein weichlicher, bequemer, verlotterter Mensch, der sich überall nachgibt, sich zu nichts aufrafft und ein unmoralisches, haltloses Leben führt.“ (*Lektüre im Bett* in *Die Kunst des Müßiggangs*) Man kann Hesse so sehen, man kann aber auch seinen Mut bewundern, sich zu seinen Widersprüchen zu bekennen. Hätte er sich angepaßt, „der Welt einen ordentlichen, bürgerlichen Lebenswandel (vorgetäuscht)“, wäre er seinen Zeitgenossen sicherlich willkommener gewesen. „In Wirklichkeit nun ist es so, daß ich, je weniger ich mir die bürgerlichen Normen ge-

Seite 118: Über den Albulapaß – hier das Val d’Alvra (Albulatal) bei La Punt – gelangt man in den kleinen Ferienort Preda (1792 m).

fallen lasse, desto strenger meine eigenen Grundsätze halte. (...) Einer von ihnen ist der Grundsatz, keine Zeitungen zu lesen – nicht etwa aus Literatenhochmut oder aus dem irrtümlichen Glauben, die Tagesblätter seien schlechtere Literatur als das, was der heutige Deutsche ‚Dichtung' nennt, sondern einfach, weil weder Politik, noch Sport, noch Finanzwesen mich interessieren, und weil es mir seit Jahren unerträglich wurde, Tag für Tag machtlos zuzusehen, wie die Welt neuen Kriegen entgegenläuft." (*Lektüre im Bett* in *Die Kunst des Müßiggangs*)

Die Heimfahrt aus dem Engadin führt Hermann und Ninon über Maloja, Soglio und Chiavenna „aus der kühlklaren Berghöhe in den warmen sommerdunstigen Süden, der Meira nach und den Buchten und Städtchen, den Gartenmauern, Ölbäumen und Oleandern des Comersees entgegen. Dies will ich noch einmal dankbar schlürfen." (*Engadiner Erlebnisse* in *Beschreibung einer Landschaft*)

Seite 120: Blick auf Montagnola, gemalt am 22. September 1924.
„Ich habe in Montagnola viel Gutes, ja Wunderbares erlebt, von Klingsors flackerndem Sommer bis heute, und habe dem Dorf und seiner Landschaft viel zu danken." (*Vierzig Jahre Montagnola* in *Beschreibung einer Landschaft* und in *Tessin*)

Links: Die alten Häuser von Zuoz, einst Hauptstadt des Engadin, zählen zu den schönsten in der ganzen Gegend. Bekannt ist der Ort neuerdings auch für den alljährlich im März stattfindenden Skilanglauf.

Blick von Porto Ronco auf den Lago

Maggiore und die Brissago-Inseln

Kleiner Reiseführer

„Nie habe ich so schön gewohnt wie im Tessin, und noch keinem meiner Wohnorte bin ich so viele Jahre treu geblieben wie meinem jetzigen (...). Die Tessiner Landschaft, die ich im Jahr 1907 zum erstenmal gründlicher kennen lernte, hat mich stets wie eine vorbestimmte Heimat, oder doch wie ein ersehntes Asyl, angezogen."

(Wahlheimat *in* Beschreibung einer Landschaft)

Das Valle Onsernone westlich von Locarno und Ascona

Bei seinem Einzug in die Casa Camuzzi ist Hermann Hesse fast 42 Jahre alt. Nach dem Erlebnis des Ersten Weltkriegs und dem Scheitern seiner Ehe befindet er sich in einer schweren persönlichen Krise. Eine bewegte Zeit liegt hinter ihm: der frühe literarische Erfolg; der Rückzug aufs Land, wo er sich bald wie im Gefängnis vorkommt; die Entfremdung von Deutschland, dessen politische Entwicklung er nicht gutheißen kann. In dieser Situation versucht er, sich in Montagnola auf der Halbinsel im Luganer See ein neues Leben aufzubauen.

Die Südschweizer Seenregion hatte er bereits 1907 auf der Durchreise nach Italien entdeckt. Und weil er eine Vorahnung hatte, daß er dort, im Tessin, das asketische Leben würde führen können, das er sich erhoffte, führte ihn sein Weg erneut in die Gegend von Lugano. Nachdem er sich im Mai 1919 in Montagnola niedergelassen hat, zieht er sich zunächst fast völlig von den Menschen zurück. In einem Brief an Romain Rolland bekennt er, innerhalb eines Jahres nicht ein einziges Mal im nur wenige Kilometer entfernten Lugano gewesen zu sein. Er konzentriert sich ganz auf seine Arbeit. Die Regelmäßigkeit, mit der nun viele neue Publikationen Hesses Werkstatt verlassen, deutet darauf hin, daß er hier den richtigen Ort für seine Arbeit gefunden hat.

Auch wenn er die Krise noch nicht vollends überwunden hat und sein Exil gelegentlich verläßt, sei es zu Lesereisen, zu Kuren in Baden, zu Winteraufenthalten in Basel und Zürich oder zu Besuchen bei Freunden und Mäzenen, die ihn finanziell unterstützen, so bleibt die Halbinsel im Luganer See doch seine Heimat. Die Collina d'Oro hat ihn aufgenommen wie bereits zahlreiche Künstler und Philosophen vor ihm. Hier findet er die Kraft zu neuen Arbeiten. Die dort entstandenen Werke zeugen von seinem Verantwortungsgefühl gegenüber der westlichen Kultur und von seinem Willen, die Werte ihrer Tradition zu verteidigen.

Der vorliegende Band mit seinem kleinen Reiseführer soll zeigen, daß Werk und Werdegang Hermann Hesses untrennbar mit dem Tessin verbunden sind. Die Tessiner Landschaft hat auf die dort entstandenen Werke abgefärbt: Sie sind herb und rauh wie die Berge, aber auch lieblich und sanft wie das südliche Klima.

Bellinzona
SS. Pietro e Stefano
Piazza Collegiata
Castello Grande
Castello di Montebello (Museo Civico)

Von Bellinzona nach Locarno und Ascona

Bellinzona

Bellinzona liegt auf der Grenze zwischen alpinem Norden und mediterranem Süden, die Stadt ist gleichsam das Tor zu zwei völlig unterschiedlichen Welten. Gleichgültig, auf welchem Weg man ins Tessin reist, ob über den St. Gotthard und durchs Valle Leventina, über den Lukmanier oder weiter östlich über den San Bernardino, kein Weg führt an der Stadt vorbei, die die Mailänder Herzöge von 1242 bis zum Jahr 1503, als sie unter die Herrschaft der Eidgenossen kam, zu einer Festung ausbauten. Beherrscht wird das Bild der lombardischen Stadt von den drei Burgen der Landvogteien Uri (Castello Grande), Schwyz (Castello di Montebello) und Unterwalden (Castello di Sasso Corbaro). Bellinzona zählt heute 18 000 Einwohner und ist die Hauptstadt des Tessins.

Vom Bahnhof aus gelangt man über den Viale Stazione zur Piazza Collegiata mit der Kollegiatskirche **SS. Pietro e Stefano**. Die Kirche, mit deren Bau 1517 begonnen wurde, ist ein Meisterwerk lombardischer Frührenaissance. Schiff und Seitenkapellen aus dem 18. Jahrhundert sind mit reichem Barockschmuckwerk verziert; eine bedeutende Darstellung der Kreuzigung Christi wurde von einem unbekannten Künstler geschaffen; die Kanzel aus Stuckmarmor stammt von Grazioso Gerolamo Francesco Rusca. Die **Piazza Collegiata**, wo jeden Samstagmorgen Markt ist, wird von wunderschönen alten Häusern eingerahmt.

Über die Erbauer des **Castello Grande** mitten in der Stadt, auch Castelgrande oder Castel Vecchio genannt, ist wenig bekannt. Seine beiden Türme, der eine schwarz, der andere weiß, ragen 27 beziehungsweise 28 Meter in die Höhe. Etwas außerhalb liegt das **Castello di Montebello**, ein eindrückliches Beispiel der Festungsbaukunst aus der zweiten Hälfte des 14. Jahrhunderts, in dem heute das **Museo Civico** unterge-

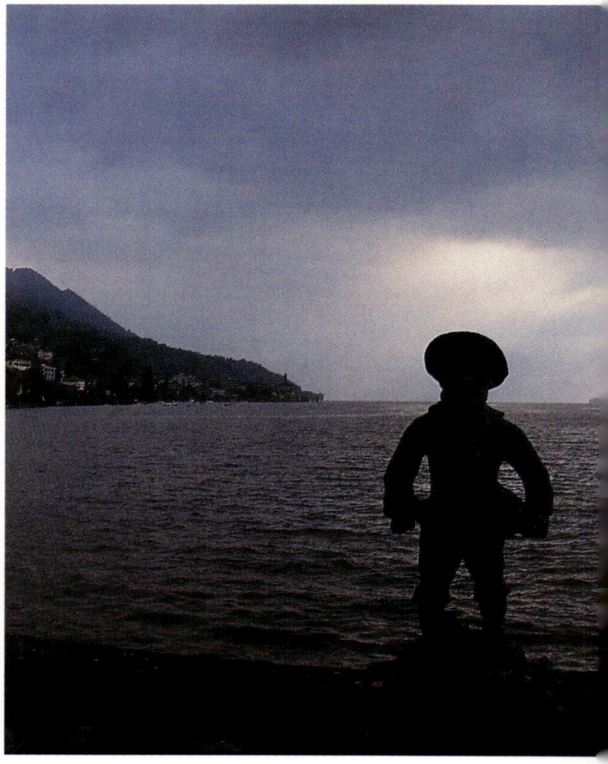

bracht ist (*geöffnet im Sommer von 9 Uhr 30 bis 12 und von 14 bis 17 Uhr 30, im Winter von 10 bis 12 und von 14 bis 17 Uhr, montags geschlossen*). Noch weiter draußen liegt das **Castello di Sasso Corbaro**, mit dessen Bau auf Geheiß des Herzogs von Mailand 1479 begonnen wurde. Die im für die Sforzas typischen Stil erbaute Festung beherbergt heute ein Volkskundemuseum (*geöffnet von April bis Oktober täglich außer montags von 9 bis 12 und von 14 bis 17 Uhr; Restaurant mit herrlichem Blick auf die Stadt und das Ticino-Tal*).

Im Vorort Ravecchia sollte man sich die Basilika **San Biagio** ansehen. Sie wurde von 1912 bis 1914 restauriert. Die spätmittelalterlichen Wandmalereien stammen von einem anonymen Maler, der als „Meister von San Biagio" bezeichnet wird, ein Lombarde, dessen Werk (*Heiliger Christophorus, Jungfrau mit Kind zwischen dem heiligen Peter und dem heiligen Blasius, Die Verkündigung* und *Das Urteil Gottes*) „das Verinnerlichte eines Giotto mit der Poesie der Farbschattierungen der Sieneser Schule verbindet". (André Beerli, *Tessin*)

Informationen: Ente turistico Bellinzona e dintorni, Via Camminata, Palazzo Civico, 6501 Bellinzona. Tel. 0 91/8 25 21 31. Fax 0 91/8 25 38 17.

BELLINZONA
Castello di Sasso Corbaro
San Biagio

Magadino im Gambarogno am Südufer des Lago Maggiore

Der Dorfplatz von Orselina

Zwischen Bellinzona und Locarno

Monte Ceneri
Gudo
Progero
Cugnasco
Ditto
Curogna

Locarno

Piazza Grande

Zwischen Bellinzona und Locarno

Verlassen Sie Bellinzona in Richtung Giubiasco auf der Straße, die an der Ebene von Magadino entlangführt.

Der 554 Meter hohe **Monte Ceneri** bildet die Grenze zwischen dem Sopraceneri (dem nördlichen Teil des Kantons, von den Alpen bis zum Lago Maggiore) und dem Sottoceneri südlich des Monte Ceneri.

Hermann Hesse, der die Kapellen und Kirchen des Tessins so liebte, hat vielleicht manches Mal zwischen **Gudo** und **Progero** haltgemacht, um sich die alte Kirche Santa Maria und ihre Fresken aus dem 15. Jahrhundert anzusehen. Ebenfalls auf dem Weg nach Locarno liegt die Kapelle von **Cugnasco**, die der Madonna delle Grazie geweiht ist. Und wer nicht vor der kurvenreichen Strecke die Monti di Motti hinauf zurückschreckt, sollte sich den Schlüssel zu den kleinen Kirchen von **Ditto** und **Curogna** geben lassen, wo man sich wie an einer uralten heidnischen Kultstätte fühlt.

Locarno

Die arkadengesäumte **Piazza Grande** ist der belebte Mittelpunkt der Stadt. „Früher", so André Beerli, „traf man hier vorwiegend den Typus ‚Bergsteiger mit aufgeschürften Knien' an, die Pfeife im Mundwinkel und von Zeit zu Zeit eine Rauchwolke oder eine Lebensweisheit von sich gebend. Heute wird die Szene von Vertretern des ‚Kolonial- oder Forscherstils' beherrscht – khakigewandet und Whisky schlürfend –, des ‚Après-Tennis-Stils', des ‚Motorjacht-und-Riviera-Stils' oder auch, wenn sich die Zeit des Filmfestivals nähert, des ‚Hollywoodstils'." Hesse hätte die Begegnung mit solchen Leuten sicherlich vermieden und die Altstadtkirchen und seenahen Parks vorgezogen. „Weil es heute Mode ist, zu Ostern in Lugano zu sein, sind sie hier", schrieb Hesse über die Touristenflut. „In zehn Jahren werden sie in Mexiko oder Honduras sein." (*Rückkehr aufs Land* in *Beschreibung einer Landschaft* und in *Tessin*)

Die Werbebroschüren behaupten, Locarno und der nördliche Teil des Lago Maggiore seien das Schönste am Sopraceneri. Außerhalb der Saison besitzt die Stadt den stillen Charme eines Badeorts um die Jahrhundertwende. Sie hält übrigens einen Landesrekord: Sie ist die Schweizer Stadt mit den meisten Sonnenstunden pro Jahr.

Über die Via Franchino Rusca gelangt man von der Piazza Grande zum **Castello Visconteo**. Der ehemalige Sitz der Landvögte wird im Jahr 998 erstmals urkundlich erwähnt. In der Auseinandersetzung zwischen Friedrich Barbarossa und Como auf der einen Seite und Mailand und der Lombardei auf der andern spielte die Festung eine wichtige Rolle. 1156 wurde sie zerstört. Adlige lombardische Familien regierten jahrhundertelang die Stadt und dehnten, in einer Zeit politischer Instabilität und schwerer Naturkatastrophen, ihren Einflußbereich auf das Valle Leventina und das Val Blenio (das bei Biasca auf das Haupttal des Ticino, die Riviera, stößt) aus. 1340 fiel die Stadt an die mit den Rusca verbündeten Visconti und knapp zweihundert Jahre später an die Eidgenossen, die die Festung schleiften. Von der alten Burg sind fast nur die reichverzierten Decken übriggeblieben, Meisterwerke der spätgotischen Kunst (*Burg und Museum sind von April bis Oktober geöffnet, täglich außer montags von 10 bis 12 und von 14 bis 17 Uhr*).

Die Via Ripacanova führt zur ehemaligen Klosterkirche **San Francesco**. Das Franziskanerkloster, heute kantonales Lehrerseminar, ist der Legende nach vom heiligen Antonius von Padua gegründet worden (reizvolle Fresken im Inneren).

Bevor wir die Wallfahrtskirche Madonna del Sasso besuchen, Anziehungspunkt für Touristen und Pilger gleichermaßen, wollen wir die Sehenswürdigkeiten erwähnen, die auch Hermann Hesse bewundert haben könnte, wenn da nicht seine Abneigung gegen die lärmenden Fremden gewesen wäre, die bereits damals wie Heuschreckenschwärme über Locarno herfielen: „(...) im Frühling, drücken wir ein Auge zu, oft auch beide, halten unsre Haustüren gut verschlossen und sehen hinter geschlossenen Läden hervor der schwarzen Menschenschlange zu, die sich, ein fast ununterbrochener Heerwurm, Tag für Tag durch alle unsre Dörfer zieht und ergreifende Massenandachten vor den Resten einer einst wahrhaft schön gewesenen Landschaft begeht." (*Rückkehr aufs Land* in *Beschreibung einer Landschaft* und in *Tessin*)

Beginnen wir mit der **Chiesa Nuova**. Als Sühne für seine Liebschaft mit Julia Materne, seiner späteren Ehefrau, wurde Cristoforo Orelli von Papst Sixtus V. mit dem Bau der Kirche beauftragt. Ein markanter Christophorus, Schutzheiliger der Reisenden und Pilger, dessen Bild man überall im

LOCARNO
Castello Visconteo
San Francesco
Chiesa Nuova

Die Kirche Madonna del Sasso ist auf einem Felsplateau oberhalb von Locarno erbaut worden. Sie geht auf eine Marienerscheinung zurück, die der Franziskaner Bartolomeo d'Ivrea hier im Jahr 1480 gehabt haben soll.

LOCARNO
Palazzo Orelli
San Vittore

Tessin begegnet, ziert die Fassade. Sehenswert sind auch der **Palazzo Orelli**, heute Kapitelhaus, sowie die aus dem 11. Jahrhundert stammende Kirche **San Vittore** im Vorort Muralto, die älteste Kirche von Locarno.

Die Talstation der Bergbahn zur Kirche Madonna del Sasso liegt in der Via della Sta-

zione. Fahren Sie hinauf zur Station von **Orselina**, die einen der schönsten Blicke auf den Lago Maggiore bietet. Die Wallfahrtskirche **Madonna del Sasso** geht auf eine Marienerscheinung zurück, die der Franziskaner Bartolomeo d'Ivrea im Jahr 1480 gehabt haben soll. „Das Innere des niedrigen Kirchenschiffs mit seiner Fülle barocker Stuckverzierungen, seinen lebendigen Malereien, dem Hauptaltar mit seinem Ziborium, auf dem die Krone der Muttergottes funkelt, wirkt wie eine langgestreckte Höhle, die einem Angst einflößte, wäre da nicht die gute Fee, die sie mit Licht füllt", schreibt André Beerli. (Unbedingt ansehen sollte man sich den Altar mit der *Grablegung* des Tessiner Künstlers Antonio Ciseri und die *Flucht nach Ägypten* von Bramantino.)

Wer einen noch schöneren Blick genießen möchte, fährt auf der Straße weiter hinauf bis zur über 1000 Meter hoch gelegenen Einsiedelei **San Bernardo** oder läßt sich per Sessellift zum Sportzentrum Cimetta (1646 m) hinauftragen, von wo man zum Pizzo Trosa gelangt.

Informationen: Ente turistico Locarno e valli, Largo F. Zorzi 1, 6601 Locarno. Tel. 0 91/7 51 03 33. Fax 0 91/7 51 90 70.

Ascona

Wer die paradiesische Tessiner Landschaft erkunden möchte, sollte Hermann Hesses Rat beherzigen: „Es ist viel schöner, ohne Führer zu gehen, und wer im Tessin wandert, wird bald die beglückende Erfahrung machen, wie überall mitten in den herrlich-

LOCARNO
Orselina
Madonna del Sasso
San Bernardo

sten Landschaften noch stille, köstliche Funde an alter Kunst zu machen sind.“ (*Kirchen und Kapellen im Tessin* in *Beschreibung einer Landschaft* und in *Tessin*) Auch Hesse selbst ließ sich auf seinen Wanderungen von seiner Eingebung leiten und war dabei immer bemüht, die ausgetretenen Touristenpfade zu meiden. Wirklich in seinen Spuren zu wandeln wird nicht möglich sein, aber wer sich auf sein Gefühl verläßt und bei seinen Erkundungen Eigeninitiative entwickelt, dürfte ganz in seinem Sinne handeln.

Ascona
Madonna del Ponte

Warum also nicht bis nach Ascona fahren und am See entlang weiter Richtung Brissago, zur **Madonna del Ponte**, einem Meisterwerk der Renaissancebaukunst? In Ascona machen wir halt, um den Monte Verità zu besuchen, wo sich Hesse im Jahr 1907 einige Wochen aufgehalten hat. Aus ganz Europa waren damals Denker und Weltverbesserer angereist, Idealisten, die auf dem Monte Verità ihre Konzepte einer neuen Welt verwirklichen wollten. Das heutige Ascona weiß mit diesem Lebensstil nichts mehr anzufangen – ein interessantes Paradox, wie André Beerli feststellt: „Das gleiche Ascona, das sich die Anhänger der Nacktkultur und der vegetarischen Lebensweise für ihre Zivilisationsflucht ausgesucht hatten, ist heute ein Treffpunkt der Fleisch und Wurst verzehrenden High-Society, eine Art helvetisches St. Tropez.“ Wer die har-

Blick von der Wallfahrtskirche Madonna del Sasso auf den Lago Maggiore

monische Gestaltung der Seepromenade in einem der zahllosen Straßencafés, das eine oder andere unter Platanen, genießen möchte, sollte außerhalb der Saison kommen. Die schattigen Gäßchen der Altstadt führen alle unweigerlich zu Sehenswürdigkeiten: zur Kirche **Santa Maria della Misericordia** (14. bis 15. Jahrhundert) mit ihren bemerkenswerten Fresken; zum **Collegio Papio**, wo alljährlich die Musikwochen stattfinden; zum **Museo Comunale d'Arte Moderna** mit Werken von Paul Klee, dem Hesse-Freund Cuno Amiet, Maurice Utrillo und anderen sowie wechselnden Ausstellungen (*geöffnet von April bis Oktober, dienstags bis freitags von 10 bis 12 und von 15 bis 18 Uhr, sonntags von 10 bis 12 Uhr*); zur Pfarrkirche **SS. Pietro e Paolo** mit spätbarocken Fresken und mit Gemälden des Caravaggio-Schülers Giovanni Serodine.

Der **Monte Verità** wurde um die Jahrhundertwende von Anhängern alternativer Lebensformen „entdeckt", die ihm auch seinen Namen gaben (eigentlich heißt er Monte Monescia). Erprobt wurde eine naturbezogene, gemeinschaftliche Lebensreform als dritter Weg zwischen Kommunismus und Kapitalismus. Bald strömten Utopisten aus Künstler-, Schriftsteller-, aber auch Politikerkreisen herbei: Lenin, Trotzki, C. G. Jung und Hesse zählten ebenso zu den Besuchern der Kolonie wie die Tänzerin Isadora Duncan. Die Lebensreformer gingen, die Künstler blieben und machten den Monte Verità zu ihrem Wallfahrts- und Erholungsort. 1964 ging die auf dem Berg entstandene Kuranstalt in den Besitz des Kantons über. Heute informiert ein Museum über die Geschichte der Ende des 19. Jahrhunderts ins Leben gerufenen theosophischen Bewegung (*geöffnet von April bis Oktober, täglich außer montags von 14 Uhr 30 bis 18 Uhr*).

Informationen: Ente turistico Ascona e Losone, Casella postale 449, 6612 Ascona. Tel. 0 91/7 91 00 90. Fax 0 91/7 92 10 08.

Von Locarno nach Lugano

Es gibt verschiedene Möglichkeiten, von Locarno zur südlich von Lugano gelegenen Halbinsel im Luganer See zu gelangen, auf deren Westseite, der Collina d'Oro, Hermann Hesse eine neue Heimat fand. Die erste Route führt bei Indemini am Monte Gambarogno über die Grenze nach Italien und weiter Richtung Maccagno und Luino am Verbano, wie der nördliche Teil des Lago Maggiore auch genannt wird. In Luino zweigt eine Straße nach Ponte Tresa ab, und von dort geht es weiter nach Agno und schließlich nach Montagnola, dem Ziel unserer Reise. Die zweite Route führt über den Monte Ceneri nach Lugano, dem kul-

Ascona
Santa Maria della Misericordia
Collegio Papio
Museo Comunale d'Arte Moderna
SS. Pietro e Paolo
Monte Verità

Von Locarno nach Lugano

Gambarogno
Fosano
Alpe di Neggia
Indemini
Maccagno
Luino
Ponte Tresa
Luganer See

turellen und wirtschaftlichen Zentrum des Tessins.

Route 1:
Über Indemini, Maccagno, Luino, Ponte Tresa, Agno

Verlassen Sie die Straße von Locarno nach Bellinzona hinter Gordola, überqueren Sie den Ticino (Tessin) und fahren weiter Richtung Magadino und Vira an den Ausläufern des **Gambarogno**. Die letzte Station vor dem höchsten Punkt unserer Route, der 1395 Meter hohen **Alpe di Neggia**, ist **Fosano.** Legen Sie dort eine Rast ein, um die Wandmalereien der Kapelle zu bewundern. Die Eröffnung des Straßenabschnitts durch das italienische Valle Veddasca nach Maccagno hat das kleine Dorf **Indemini** aus seiner Isolation gerissen und ihm viel von seinem ursprünglichen Charme genommen (kleines Kunst- und Kunsthandwerkmuseum, *geöffnet von April bis Oktober von 9 bis 17 Uhr*). Die neue Straße zählt zu den Anziehungspunkten der Region, weil sie durch eine landschaftlich besonders reizvolle Gegend führt, die noch weitgehend unberührt geblieben ist von der Zivilisation. Das milde südliche Klima trägt ebenfalls dazu bei, daß das Gambarogno ein beliebtes Erholungs- und Wandergebiet wurde. Fahren Sie von Indemini weiter Richtung **Maccagno**, **Luino** und **Ponte Tresa** am Ufer des Lago di Lugano, des **Luganer Sees**.

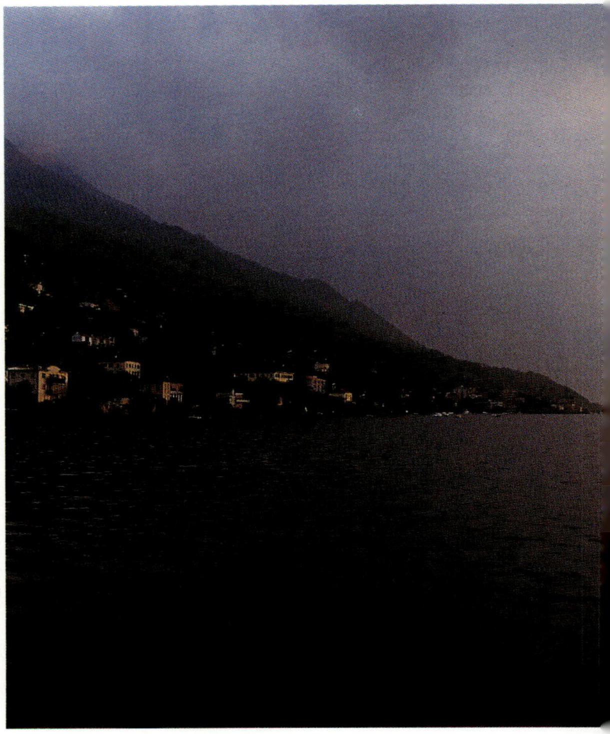

Route 2:
Über Cadenazzo, den Monte Ceneri, Bironico, Vira, Mezzovico, Taverne

Diese Strecke führt nach dem Monte Ceneri leider die ganze Zeit an der Autobahn Richtung Mailand entlang. „Mit dem Ceneri läßt man auch die bis ins Frühjahr hinein schneebedeckten Gipfel des Tessins hinter sich“, schreibt André Beerli. „Selbst die freundlichste Landschaft des Sopraceneri strahlt eine ernste Erhabenheit aus, die man im Luganese oder im Mendrisiotto (südöstlich des Luganer Sees) vergeblich sucht.“

Verlassen Sie die Straße von Locarno nach Bellinzona kurz vor Gudo, und fahren

Blick von Magadino auf den Lago Maggiore

Von Locarno nach Lugano

Cadenazzo
Monte Ceneri
Vira
Mezzovico
Isone
Taverne
Cadempino

Sie Richtung **Cadenazzo** und **Monte Ceneri**. Auf der anderen Seite der Paßhöhe liegen, versteckt in Kastanienwäldern, die Dörfer **Vira, Mezzovico** und **Isone**, wo man die berühmten *formaggini*, kleine Weichkäse aus Kuhmilch, kosten sollte. In **Taverne** gibt es zwei Möglichkeiten: entweder die direkte Strecke nach Lugano über **Cadempino** oder, für all jene, die Serpentinen nicht scheuen, die Route durch das Malcantone, das am ehesten einen Eindruck von der ursprünglichen Tessiner Landschaft vermittelt, die Hesse liebte und immer wieder beschrieb – wie in den folgenden Zeilen aus *Klingsors letzter Sommer*: „Sie brachen aus dem durchsprenkelten Schatten des Waldpfades auf die offene breite Fahrstraße hinaus, die führte licht und heiß in großen Spiralen zur Höhe. Klingsor (...) ging als letzter und blieb oft zurück, um die Figuren sich bewegen (...) zu sehen. (...) Einsam stand seine hagere Gestalt (...) am Rand des Akaziengehölzes. Sommer hauchte heiß über den Berg, Licht floß senkrecht herab. (...) Über die nächsten Berge, die grün und rot mit weißen Dörfern aufklangen, schauten bläuliche Bergzüge, und lichter und blauer dahinter neue und neue Züge und ganz fern und unwirklich die kristallenen Spitzen von Schneebergen."

Blick von Vira auf den Lago Maggiore und Locarno am andern Ufer

Die Bergstrasse durch das Malcantone

Zahlreiche alte Bergdörfer, wie sie typisch sind für das Tessin, lohnen den Umweg durch das Malcantone zu Füßen des Monte Lema. Die abwechslungsreiche Gegend zählt sicherlich zu den schönsten Ausflugsgebieten des Tessins.

Autofahrer haben die Wahl zwischen zwei Routen: Die eine führt am äußeren östlichen Rand des Malcantone entlang, die andere über schmale, oft von Schafherden blockierte Sträßchen mehr oder weniger mittenhindurch.

Von Taverne aus führt die erste Route über **Bedano, Lamone, Cadempino, Bioggio, Bosco Luganese, Cademario,**

Aranno und **Vernate** nach **Agno**, dem Tor zur Halbinsel im Luganer See und somit zur Collina d'Oro, dem Ziel unserer Reise. Vor Agno biegt eine Straße ab nach **Magliaso** und dem modernen Ferienort **Caslano**. Von Caslano aus bietet sich ein guter Blick auf das gegenüberliegende Ufer, wo Hermann Hesse über vierzig Jahre lang wohnte. In den fast unbekannten Dörfern des oberen Val d'Agno kann man Kostbarkeiten entdecken: zum Beispiel die aus der Karolingerzeit stammende Kirche **Sant'Ambrogio** bei Cademario (Apsis mit romanischen Gemälden) oder die Kollegiatskirche von Agno, **SS. Giovanni e Provino** (üppige Innendekoration mit Werken einheimischer Künstler des 18. Jahrhunderts).

Die zweite Route führt von Taverne nach **Gravesano** und von dort hinauf nach **Arosio** (859 m), einem kleinen Dorf mit einer mittelalterlichen, im 17. Jahrhundert erhöhten und eingewölbten Kirche (Fresken von Antonio da Tradate aus der ersten Hälfte des 16. Jahrhunderts). Wer möchte, kann bei **Breno** die Magliasina überqueren und auf einer kleinen Straße nach Cademario zurückfahren.

Die Gegend ist ein Paradies für Botaniker, und vielleicht hat auch Hesse hier seiner Leidenschaft gefrönt: „Viele liebe kleine Blumen, Gräser, Moose und Pilze begegnen mir wieder, die ich nicht kenne und deren Namen kennenzulernen ich mir immer und immer wieder vorgenommen habe. Mit einem kleinen guten Botanikbuch in Ruhe mich unter diese lieben Blumen zu setzen und sie zu studieren, das ist ein Entschluß von mir, ähnlich wie der Vorsatz, später einmal still in einem kleinen Garten zu leben, Gemüse zu bauen und nie mehr über meinen Gartenzaun hinweg zu denken. Sie sind schön, diese Vorsätze, und machen uns Freude, aber um sie einzuhalten, ist das Leben, wie es scheint, zu kurz." (*Sommertag im Süden* in *Tessin*)

In **Miglieglia** hinter Breno befindet sich die Talstation des Sessellifts zum 1620 Meter hohen **Monte Lema**. Von dort oben hat man einen herrlichen Rundblick auf das gesamte Malcantone und die Tessiner Alpen bis zum Monte Rosa. Die Kirche **Santo Stefano**, die älteste in der ganzen Region, liegt mitten in einem Friedhof. Von den Malereien aus dem 16. Jahrhundert ist ein Großteil erhalten geblieben.

Novaggio hat ebenfalls ein überwältigendes Panorama zu bieten. Das letzte Bergdorf auf dieser Fahrt durch das Malcantone ist das charakteristische Bergdorf **Astano**. Von dort führt der Weg ins Tal der Tresa hinunter, wo wir auf die Verbindungsstraße zwischen Luino am Lago Maggiore und Ponte Tresa am Luganer See stoßen. Vorher aber kommen wir durch **Sessa**, den Hauptort des Malcantone, mit der Pfarrkirche **San Martino** (großer, mit Schnitzerei-

Das Malcantone

Bedano, Lamone, Cadempino, Bioggio, Bosco Luganese, Cademario, Aranno, Vernate, Agno, Magliaso, Caslano, Sant'Ambrogio, SS. Giovanni e Provino, Gravesano, Arosio, Breno, Miglieglia, Monte Lema, Santo Stefano, Novaggio, Astano, Sessa

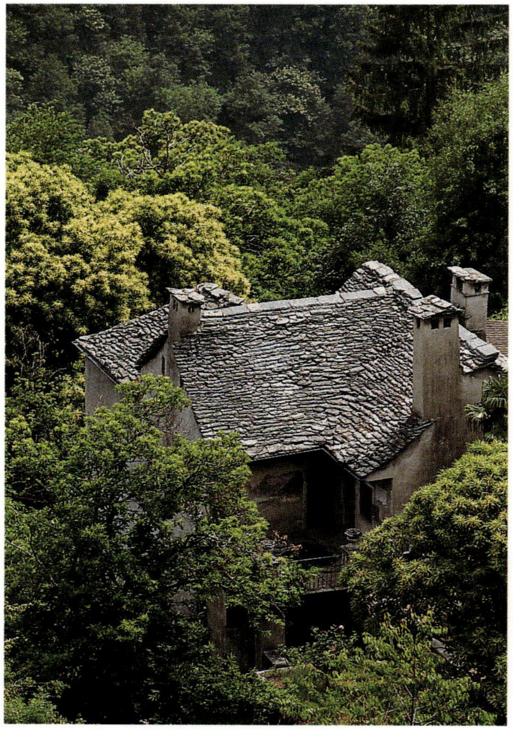

Loco im Valle Onsernone

Das Malcantone

Sessa

en verzierter Holzaltar aus dem 17. Jahrhundert), der Kirche **Sant'Orsola**, seinen sehenswerten Häusern rings um die **Piazza Superiore** und der **Casa dei Landvogti**, dem Gerichtspalast.

Sessa ist Ausgangspunkt der „Strada verde", der „Grünen Straße". Dieser Rundwanderweg durch das obere Malcantone ist eine der schönsten Wanderrouten in der ganzen Schweiz. Er umfaßt eine Strecke von 40 Kilometern. Ausgangspunkt ist Arosio.

Informationen: Ente turistico Lugano e dintorni, Riva Albertolli, Palazzo Civico, 6901 Lugano, Tel. 0 91/9 21 46 64. Fax 0 91/9 22 76 53.

Lugano

Lugano, nicht nur wegen seines milden Klimas einer der beliebtesten Schweizer Ferienorte, hat viele Beinamen, die alle auf seine außergewöhnliche Lage im Herzen des Tessins anspielen: Hauptstadt der Schweizer Riviera, Königin des Ceresio (wie die Einheimischen den Luganer See auch nennen), Perle des Tessins. Als Hermann Hesse sich mit dem Gedanken trug, Bern zu verlassen, um sich im Tessin ein neues Leben aufzubauen, galt die Stadt bereits als eine Art Geheimtip, und ihre Anziehungskraft auf Touristen insbesondere aus den kalten Gegenden Deutschlands und der Schweiz ist seitdem beständig gewachsen. Bellinzona ist zwar Kantonshauptstadt, aber Lugano ist der wirtschaftliche und kulturelle Mittelpunkt des Tessins, eine Tatsache, die Kunstliebhaber immer zu würdigen wußten.

Ein Rundgang durch die Stadt kann zum Beispiel auf der **Piazza della Riforma** beginnen, wo sich der **Palazzo Civico**, das Rathaus, befindet. Er wurde 1844 fertiggestellt und diente als Regierungssitz, bis 1878 die Kantonsregierung nach Bellinzona umzog. In der Eingangshalle steht der sich von seinen Ketten befreiende *Spartakus* des Schweizer Bildhauers Vincenzo Vela. Die Statue ist Sinnbild für den revolutionären Geist des Risorgimento. Die

Straßencafés auf der Piazza mit Blick auf den See sind beliebter Treffpunkt für Einheimische und Touristen gleichermaßen. Zum Espresso knabbert man *amaretti*, mit Puderzucker bestäubtes Bittermandelgebäck, eine oberitalienische Spezialität, „herb und süß wie die Landschaft", schreibt André Beerli. Süße Köstlichkeiten sind auch die kandierten Eßkastanien und Früchte.

Durch die Via Nassa, eine der Hauptgeschäftsstraßen, gelangt man zur **Piazza Bernardino Luini** und zur Kirche **Santa Maria degli Angioli**. Ihre Fresken, darunter das Madonnen-, das Abendmahl- und das Passionsfresko des Leonardo-da-Vinci-Schülers Bernardino Luini, zählen zu den kostbarsten Renaissancekunstwerken auf Tessiner Boden.

Südlich des Platzes befindet sich der **Giardino Belvedere**, wo zwischen Palmen und Kamelien Skulpturen des 20. Jahrhunderts unter freiem Himmel stehen. Über die Riva Antonio Caccia kann man am See entlang nach **Paradiso** bummeln und dort in die Standseilbahn (*funicolare*) steigen, die in zehn Minuten zum **Monte San Salvatore** (912 m) hinauffährt (*geöffnet vom 15. März bis zum 15. November*). Die Fernsicht ist einmalig: Man kann die Walliser, die Berner und die Savoyer Alpen sehen sowie die Mailänder Tiefebene. In der **Villa Malpensata**, Riva Antonio Caccia 5, werden Werke Tessiner Künstler und wechselnde Ausstellungen gezeigt.

Von der Piazza Bernardino Luini aus

Lugano

Piazza della Riforma
Palazzo Civico
Piazza Bernardino Luini
Santa Maria degli Angioli
Giardino Belvedere
Paradiso
Monte San Salvatore
Villa Malpensata

Haus im Valle Onsernone

Lugano

Santa Maria di Loreto, Parco Tassino, Piazzetta Maraini, Piazza Cioccaro, San Lorenzo, Piazza Manzoni, Parco Civico, Villa Ciani, Monte Brè, Monte San Salvatore, Monte Generoso, Cassarate

führt eine Straße zur Barockkirche **Santa Maria di Loreto** hinauf, die von stillen Gärten umgeben ist. Nicht weit davon entfernt liegt der **Parco Tassino**, wo die zahlreichen Rosensorten, die dort gezüchtet werden, betörende Düfte verströmen.

Kehren Sie anschließend zurück zur **Piazzetta Maraini** und gehen von dort weiter zur **Piazza Cioccaro,** von wo Sie die Kathedrale **San Lorenzo** erreichen. Der ursprünglich romanische Bau mit der Prunkfassade aus weißem Stein ist im 13. und 15. Jahrhundert erneuert worden. Seine drei Portale, die Tommaso Rodari zugeschrieben werden, zählen zu den schönsten Renaissancewerken Oberitaliens.

Von der Kathedrale gehen Sie zurück zur Piazza della Riforma. Gleich daneben liegt die **Piazza Manzoni**. Biegen Sie in die Riva Giocondo Albertolli mit ihren Gebäuden aus dem vergangenen Jahrhundert ein, und schlendern Sie am See entlang zum 63 Hektar großen **Parco Civico** mit seiner subtropischen Vegetation und seinen Statuen bedeutender Philosophen. Auf dem Gelände befindet sich unter anderem die 1975 fertiggestellte Kongreßhalle, die bis zu 1130 Personen fassen kann, und die **Villa Ciani**, die das städtische Kunstmuseum beherbergt. Von der Villa Ciani führt ein Weg zu einer weiteren Statue von Vincenzo Vela (1820–1891), dem bedeutendsten Tessiner Bildhauer. Sie versinnbildlicht den Schmerz des unterdrückten Italien. Der Weg trägt den Namen „Alla desolazione“.

Informationen: Ente turistico Lugano e dintorni, Riva Albertolli, Palazzo Civico, 6901 Lugano, Tel. 0 91/9 21 46 64. Fax 0 91/9 22 76 53.

Castagnola

Nicht nur Lugano selbst, auch seine Umgebung ist reizvoll. Bevor wir uns der Halbinsel im Luganer See zuwenden, wollen wir noch einen Ausflug nach Norden unternehmen, Richtung Gandria, das an der am See entlangführenden Straße nach Porlezza liegt. Lugano wird oft die „Stadt der Seilbahnen“ genannt. Nicht ohne Grund: Seine drei Hausberge, der **Monte Brè** im Osten sowie **Monte San Salvatore** und **Monte Generoso** im Süden, sind alle per Seilbahn bzw. Zahnradbahn (Monte Generoso) zu erreichen. Gleichgültig, auf welchen Gipfel Sie hinauffahren, ein grandioser Blick ist Ihnen sicher. In **Cassarate** im Osten der Stadt (mit dem Bus von der Piazza Rezzonico aus zu erreichen) befindet sich die Talstation der Seilbahn, die Sie in etwa zwanzig Minuten zum Monte Brè hinaufbringt (*von 9 bis 11 Uhr 45 und von 13 Uhr 30 bis 18 Uhr 15*).

Noch weiter östlich, im Stadtteil **Castagnola**, liegt die **Villa Favorita**. In ihr war bis vor kurzem in fürstlichem Ambiente eine der umfangreichsten privaten Kunstsammlungen der Welt untergebracht, die

Das Fischerdorf Gandria östlich von Lugano

Castagnola

Villa Favorita

Sammlung von Baron Heinrich Thyssen-Bornemisza (1460 Gemälde, Zeichnungen, Radierungen, Skulpturen, Kunstgegenstände, *geöffnet von Ostern bis Ende Oktober, dienstags bis sonntags von 10 bis 17 Uhr*). Ein großer Teil der Kunstsammlung befindet sich heute in Spanien.

Castagnola
Villa Heleneum
Gandria
Luganer See

Ebenfalls an der Straße nach Gandria liegt die **Villa Heleneum,** die ein Museum für außereuropäische Kulturen beherbergt (*geöffnet dienstags bis sonntags von 10 bis 12 und von 14 bis 18 Uhr, freitags von 14 bis 21 Uhr*). Die Sammlung Brignoni umfaßt annähernd sechshundert Kunstobjekte aus Ozeanien, Afrika und Asien. Früher war das beschauliche Fischerdorf **Gandria** nur vom See aus zu erreichen. Heute lebt es ausschließlich vom Fremdenverkehr.

Der Luganer See (Ceresio)

Sollte der Blick auf den See vom Monte Brè oder von Gandria aus Ihnen Lust auf einen Schiffsausflug gemacht haben, vertrauen Sie sich ruhig den Angestellten der Società di Navigazione del Lago di Lugano an. Die meisten Schiffe legen vom Hafen in Lugano-Centrale ab. Regelmäßig verkehren Schiffe auf folgenden Linien: Lugano – Campione – Melide – Morcote – Ponte Tresa; Lugano – Gandria – Oria – Porlezza; Lugano – Campione – Melide – Capolago. Auch Ausflugsfahrten werden angeboten (*Informationen: Fremdenverkehrsbüro Lugano*).

Der See zählt zu den Schweizer Natursehenswürdigkeiten. Der Name Ceresio soll sich vom keltischen keresios herleiten, was soviel wie „gegabelt“ bedeutet und eine Anspielung auf die Form des Sees ist. Hermann Hesse ging in den zwanziger Jahren an Sommerabenden oft zum Baden an den

Kirche in Vico Morcote

Blick von Morcote auf den südlichen Luganer See

See: „Gegen den Abend aber wird es Zeit, irgendwo den See aufzusuchen, ein Stück Sandstrand mit Gehölz dahinter, etwas Schilf und etwas Gras. Der See leckt mit warmer Zunge am abendlich verglühenden Sand, die Angler stehn mit langen Ruten träumerisch auf dünnen Waden in den Bachmündungen, die Berge nehmen abendliche Färbungen an, der goldene Abendzauber geht über die Welt, und das Weh im Herzen wird für Stunden süß und wohlschmeckend. (…) wie viel hätte man zu wünschen, und doch eigentlich nichts.“ (*Sommertag im Süden* in *Tessin*)

Die Halbinsel im Luganer See

Von Paradiso nach Morcote

Im zweiten Kapitel haben wir bereits eine Route über die Halbinsel im Luganer See skizziert, einen Weg, wie Hermann Hesse, der hier eine neue Heimat fand, ihn gegangen sein könnte. Ausgangspunkt war das Dorf Montagnola. Dieses Mal wollen wir von Lugano aus aufbrechen.

Von der Piazza Bernardino Luini führt der Weg durch die Riva A. Caccia in Richtung Talstation der Seilbahn zum Monte

Die Halbinsel im Luganer See

Die Halbinsel im Luganer See

Carona
Vico Morcote
Morcote

San Salvatore beziehungsweise in Richtung Paradiso im Süden der Stadt. Dort stößt man auf die Straße nach Carona. „Natur, Straßenbau, Architektur und Kunst haben ihren Beitrag geleistet und die Straße nach Carona zu dem gemacht, was sie ist", schwärmt André Beerli.

Carona wird bereits im 10. Jahrhundert urkundlich erwähnt. Einst Republik, die im Mittelalter von zwei Konsuln regiert wurde, ist Carona Geburtsort zahlreicher Künstler, die zur Verbreitung der italienischen Renaissance bis in die slawischen Länder und nach Spanien beitrugen.

Heute ist die Stadt beliebter Ferienort mit einem breitgefächerten Angebot für Sportler. Die Überreste ihrer ruhmreichen Vergangenheit lohnen einen Umweg. Man spricht auch von den „sieben Wundern von Carona". Dazu gehören die Kirche **San Giorgio** (Fresken von Domenico Pezzi aus dem 16. Jahrhundert, darunter *Das Jüngste Gericht* nach dem Vorbild der Sixtinischen Kapelle; Skulpturen von Tommaso Solari); die Kirche **Santa Marta** sowie die Wallfahrtskirche **Madonna d'Ongero** im Wald bei Carona. Jedes Jahr am 7. und 8. September findet ein Fest zu Ehren der Madonna statt, an dem Hesse mehr als einmal teilnahm.

Die heimische Küche entdeckt man am besten in den *grotti*. Sie liegen abseits, oft im Freien, im Schatten von Kastanien, und bestehen nicht selten lediglich aus ein paar steinernen Tischen und einfachen Stühlen. Versuchen Sie die *minestrone*, eine duftende Gemüsesuppe, *cazzöla* (einen Kohleintopf mit Rippchen) und zum Abschluß die *formaggini*, den Bergkäse, dazu ein Glas Merlot del Ticino oder Nostrano, beides Weine heimischer Rebsorten. Hesse war, wie alle Künstler in der Gegend, Stammgast in den *grotti*.

Die Straße nach **Vico Morcote** führt in Serpentinen auf halber Höhe zwischen dem Monte Arbòstora und dem Ceresio entlang. Vom gegenüberliegenden Ufer grüßt der Monte San Giorgio herüber. In der Kirche SS. Fedele e Simone sollte man sich das wunderschöne Relief aus weißem und grauem Marmor über der Tür zur Sakristei ansehen: Zwischen den Schutzpatronen der Kirche thront die Muttergottes mit dem Jesuskind.

Morcote wird oft als „Schatzkästlein des Tessins" bezeichnet, ein Name, den das Städtchen zu Recht trägt. Seine Lage an der äußersten Spitze der Halbinsel ist besonders schön.

Die schmalen Altstadtgassen führen zur Kirche **Santa Maria del Sasso** am Hang über dem Dorf hinauf. Mit ihrem Bau wurde im 12. Jahrhundert begonnen, im

Blick von Morcote auf das italienische Ufer des Luganer Sees

Blick von der Kirche Santa Maria del Sasso oberhalb von Morcote auf den Luganer See

Die Halbinsel im Luganer See

Parco Scherrer

14. und im 18. Jahrhundert wurde sie erneuert. Ihre Fresken sind in der ersten Hochblüte der italienischen Renaissance entstanden. Ganz in der Nähe befindet sich eine achteckige Kapelle, die dem heiligen Antonius von Padua geweiht ist. Unweit des Friedhofs führt eine Treppe zu den Ruinen der Burg von Morcote hinauf.

Unbedingt ansehen sollte man sich den **Parco Scherrer**. 1930 wurde die Anlage

von einem Industriellen erworben und mit Kopien von Plastiken sowie maßstabgetreuen Nachbildungen von Bauwerken, die ihn auf seinen Reisen am meisten beeindruckt hatten, bestückt. So kann man zum Beispiel das Erechtheion (einen der Akropolis-Tempel) bewundern, einen ägyptischen Tempel, ein japanisches Teehaus und vieles andere mehr (*geöffnet von März bis Oktober von 9 bis 17 Uhr*).

Von Morcote nach Montagnola: die Collina d'Oro

Der Monte Arbòstora ragt rechter Hand auf, wenn wir von Morcote Richtung Figino fahren. Im Scairolotal liegt das Dorf **Cadepiano**, Ausgangspunkt unserer zweiten Route über die Collina d'Oro.

Wer die Landschaft zu Fuß erkunden möchte, stellt sein Auto in **Agra** ab. Das abgelegene Dorf im Wald ist nicht weit vom höchsten Punkt der Collina d'Oro, dem **Monte Croce** (658 m), entfernt. Die Familie Adamini aus Bigogno hat bedeutende Künstler und Ingenieure hervorgebracht. Bernard, dem letzten der Linie, sind unter anderem die Bahnlinie Genua – Nizza zu verdanken und im Tessin die Seilbahn zum San Salvatore sowie die Zahnradbahn zum Monte Generoso hinauf.

Montagnola steht dem Nachbarort in nichts nach. Man denke nur an Gian Rodolfo Furlani, der in Florenz, Pisa, Siena und Livorno als Stukkateur wirkte und auch die Stuckverzierungen am Eingang der Villa Ciani in Lugano schuf. Oder an Gian Battista Gilardi, Baumeister am Hof der russischen Zarin Katharina II. Gemeinsam mit

Die Halbinsel im Luganer See

Collina d'Oro
Cadepiano
Agra
Monte Croce
Montagnola

Die Treppe zur Kirche Santa Maria del Sasso wird manchmal mit der Spanischen Treppe in Rom verglichen oder mit derjenigen zur Kirche Sacré-Cœur in Paris.

Die Halbinsel im Luganer See

Casa Camuzzi

Gentilino

seinem Sohn Domenico arbeitete er am Wiederaufbau Moskaus nach dem Brand mit, der im Jahr 1812 Napoleons Armee zum Rückzug zwang.

Beim Namen Montagnola denkt man heute aber vor allem an den Autor des *Glasperlenspiels.* Nach dem Ersten Weltkrieg befand sich Hesse in einer schweren Krise. Er und seine Frau Maria hatten sich getrennt, Maria hatte einen Aufenthalt in einer Nervenklinik hinter sich, und Hesse zweifelte am Sinn seines bisherigen Lebens und Arbeitens. Er suchte im Sottoceneri, das er bereits von Reisen kannte, nach einem neuen Zuhause. Zuerst sah er sich Agnuzzo im Nordosten der Halbinsel an, dann die Umgebung der Kirche Sant'Abbondio und schließlich Montagnola, wo er durch Vermittlung eines Freundes eine Vierzimmerwohnung in der barocken **Casa Camuzzi** fand. Dort lebte er über zehn Jahre zurückgezogen und sehr einfach. Diese Zeit gab ihm den Glauben an sich selbst und an sein schriftstellerisches Talent zurück. Neben dem Schreiben malte er und unternahm lange Wanderungen. Vielleicht wäre sein Werk ohne diesen Rückzug ins Tessin ein anderes.

Die Casa Camuzzi hat ihm viel bedeutet: „Mein Palazzo, Imitation eines Barock-Jagdschlosses, der Laune eines Tessiner Architekten vor etwa fünfundsiebzig Jahren entsprungen, hat außer mir noch eine ganze Reihe von Mietern gehabt, aber keiner ist so lange geblieben wie ich, und ich glaube, keiner hat ihn so geliebt (auch belächelt) und ihn sich so zur Wahlheimat werden lassen wie ich. (...) hier hatte ich in bangen harten Jahren nach dem großen Schiffbruch mich durchgekämpft, auf einem Posten, der mir oft vollkommen verloren schien, hier hatte ich viele Jahre die tiefste Einsamkeit genossen, und auch an ihr gelitten, hatte viele Dichtungen und Malereien gemacht, tröstende Seifenblasen, und war mit allem so verwachsen, wie ich es seit der Jugend mit keiner andern Umgebung gewesen war. Zum Dank habe ich dies Haus oft genug gemalt und besungen, habe ihm auf viele Arten zu erwidern gesucht, was es mir gab und war." (*Beim Einzug in ein neues Haus* in *Gedenkblätter*)

Hesse und seine dritte Frau Ninon Dolbin bezogen 1931 oberhalb von Montagnola ein Haus, das ihnen ein Freund und Mäzen, der Arzt Hans C. Bodmer, gebaut und auf Lebzeiten zur Verfügung gestellt hatte. Über dreißig Jahre hat das Paar dort gewohnt, mit kurzen Unterbrechungen, nämlich Hesses Kuraufenthalten und den Sommermonaten im **Hotel Waldhaus** im **Engadin** (*7515 Sils-Maria, Tel. 0 81/ 8 26 66 66, Fax 0 81/8 26 59 92. Hotel der Luxusklasse*).

Nördlich von Montagnola, in **Gentilino**, befindet sich die Kirche **Sant'Abbon-**

Die Halbinsel im Luganer See

Swissminiatur

Von Bissone nach Mendrisio

Bissone
Maroggia
Capolago
Riva San Vitale
Monte Generoso
Mendrisiotto

dio, eines der bemerkenswertesten Gotteshäuser des Sottoceneri. Eine Zypressenallee führt auf den Eingang zu. Auf dem Friedhof auf der anderen Straßenseite haben Hermann und Ninon Hesse, der Dirigent Bruno Walter, Hugo Ball und seine Frau, die Dichterin Emmy Hennings, ihre letzte Ruhestätte gefunden. Außerdem befindet sich hier das Grab von Domenico Gilardi. Sehenswert ist auch das von Vincenzo Vela geschaffene Grabmal für Pietro Boffa.

Folgen Sie der Straße von Gentilino nach Paradiso, und fahren Sie dann am See entlang nach Melide und weiter über den Melide-Damm nach Bissone und ins Mendrisiotto.

Vorher sollten Sie sich aber in Melide unbedingt die Schweiz im Kleinformat ansehen: **Swissminiatur** heißt der Park, in dem Nachbildungen der berühmtesten und schönsten Schweizer Orte und Landschaften zu bewundern sind (*geöffnet von Mitte März bis Ende Oktober von 8 bis 18 Uhr und von Mitte Juli bis Mitte August von 8 bis 22 Uhr 30*).

Von Bissone nach Mendrisio

Richtung Mendrisio

Wäre es nicht interessant, sich Morbio Inferiore anzusehen, dessen Namen an die *Morgenlandfahrt* erinnert? In der Schlucht von Morbio Inferiore verläßt Leo die Gruppe der Bundesbrüder auf ihrem Marsch ins gelobte Land.

Bissone auf der anderen Seite des Melide-Damms ist der Geburtsort des Baumeisters Francesco Borromini (1599–1667), der in Rom wirkte und ein Rivale Berninis war. Folgen Sie den Wegweisern nach **Maroggia**, und fahren Sie weiter nach **Capolago** und **Riva San Vitale**, dem ungewöhnlichsten Dorf an dieser Strecke. Von Capolago aus können Sie mit der Zahnradbahn zum 1701 Meter hohen **Monte Generoso** hinauffahren.

Das **Mendrisiotto** im äußersten Süden des Tessins bezeichnet man auch als „kleine Toskana". Die Autobahn nach Como und Mailand führt durch diese Region, die sich trotz der derzeitigen Wirtschaftswachstumsphase ihre Identität zu bewahren sucht, indem sie ihr kulturelles Erbe sorgsam hütet. **Mendrisio**, der Hauptort des Mendrisiotto, ist vor allem für seine Gründonnerstags- und Karfreitagsprozessionen berühmt. Sie sind ein einzigartiges folkloristisches Ereignis und lohnen einen Besuch.

Gäßchen in Morcote

Das Valle di Muggio, Schauplatz der Handlung am Anfang von Hesses *Morgenlandfahrt*

Valle di Muggio

Morbio Inferiore
San Pietro
Castel San Pietro
Muggio
Scudellate

Das Valle di Muggio

Verlassen Sie Mendrisio in südlicher Richtung auf der Straße nach Balerna und Chiasso, Industriestädte an der Grenze zu Italien, und fahren dann am rechten Ufer der Breggia das Valle di Muggio hinauf (die Morgenlandfahrer, die ja aus Deutschland kamen, marschierten in die entgegengesetzte Richtung). Die Gegend zählt zu den landschaftlich reizvollsten des Tessins. Die Dörfer, von denen jedes einzelne eine Kirche besitzt, wirken ausgesprochen italienisch.

Die Kirche von **Morbio Inferiore** ist ein Kuppelbau aus dem 16. und 17. Jahrhundert mit einigen interessanten Malereien. Die Kirche **San Pietro** (auch „Chiesa rossa" genannt: rote Kirche) in **Castel San Pietro** ist mit Fresken im gotischen Stil geschmückt. Folgen Sie der Straße in das 661 Meter hoch gelegene **Muggio** und weiter bis nach **Scudellate**, der letzten Ortschaft im Tal vor der Grenze zu Italien.

Hier, im Valle di Muggio, handelt jene Episode zu Beginn des zweiten Kapitels der *Morgenlandfahrt*, die wir bereits angesprochen haben: „Was es war, das unsern treuen Leo bestimmte, uns mitten in der gefährlichen Schlucht von Morbio Inferiore plötzlich zu verlassen, darüber hat wohl jeder Teilnehmer an dieser unvergeßlichen Reise sich seine Gedanken gemacht, und erst sehr viel später begann ich die wahren Hergänge und tieferen Zusammenhänge dieses Ereignisses einigermaßen zu ahnen und zu überblicken, und es zeigte sich, daß auch dieses scheinbar nebensächliche, in Wirklichkeit tief einschneidende Abenteuer, das Verschwinden Leos, keineswegs ein Zufall, sondern ein Glied in jener Kette von Verfolgungen war, durch welche der Erbfeind unser Unternehmen zum Scheitern zu bringen suchte."

Auch Hermann Hesse verließ den heimatlichen Schwarzwald und machte sich auf die Suche nach seinem „Morgenland", das er bereits 1907 im Tessin fand. Er hatte erfahren müssen, wie sein ganzes Leben zerfiel, wie alles, was ihm Halt gegeben hatte,

Kleine Kapelle inmitten von Reben im Valle Maggia

plötzlich zusammenbrach. Er mußte sich neu „orient"ieren. Doch sein Orient war kein bestimmter Punkt auf der Karte, sondern ein Prozeß der Bewußtwerdung, der zu dem Entschluß führte, dem Streben nach der ursprünglichen Schönheit dieser Welt Gestalt zu geben.

Abrunden können Sie diese Reise mit einem Besuch im **Hermann-Hesse-Museum** in **Calw** im nördlichen Schwarzwald, wo der Schriftsteller am 2. Juli 1877 geboren wurde. (*Hermann-Hesse-Museum, Marktplatz 30, 75365 Calw, Tel. 0 70 51/75 22 oder 0 70 51/16 72 60. Geöffnet dienstags bis samstags von 14 bis 17 Uhr, sonntags von 11 bis 17 Uhr*)

In **Gaienhofen** auf der Halbinsel Höri im Untersee kann das Haus besichtigt werden, in dem Hesse von 1904 bis 1907 lebte. Ihm angeschlossen ist ein Museum, in dem wechselnde Ausstellungen, auch anderer Künstler, gezeigt werden. (**Hermann-Hesse-Höri-Museum**, *Kapellenstraße 8, 78343 Gaienhofen, Tel. 0 77 35/8 18 37 oder 0 77 35/8 18 32. Das* **Hermann-Hesse-Haus** *ist geöffnet von März bis Oktober, dienstags bis samstags von 14 bis 17 Uhr, an Sonn- und Feiertagen von 11 bis 17 Uhr, montags geschlossen.*)

CALW
Hermann-Hesse-Museum

GAIENHOFEN
Hermann-Hesse-Höri-Museum
Hermann-Hesse-Haus

Blick von Morcote auf den Luganer See

Hermann Hesse mit seiner Enkelin Sybille, der Tochter von Martin, im Juni 1951

Überblick über Hermann Hesses Leben

Wunden der Kindheit

Das Dorf Agno, gemalt am 29. Juni 1924

Hermann Hesses Vater, der Pastor und Pietist Johannes Hesse, stammte aus Estland. Von seinem 22. bis 26. Lebensjahr war er im Auftrag der Basler Mission in Indien. 1874 heiratete er die 34jährige Witwe Marie Isenberg geb. Gundert, die Tochter des bekannten Orientalisten und protestantischen Missionars Hermann Gundert. Sie wurde in Indien geboren, wo sie vier Jahre lebte.

Hermann Hesse, das zweite Kind von Johannes und Marie, kommt am 2. Juli 1877 im württembergischen Calw zur Welt. Seine Kindheit verbringt er teils dort, teils in Basel, wo der Vater zeitweise bei der protestantischen Mission unterrichtet. Bei Geburt russischer Staatsangehöriger, erhält Hermann in Basel die Schweizer Staatsbürgerschaft, muß sie für den Schulbesuch in Deutschland wieder aufgeben und beantragt sie zum zweiten Mal bei seiner Übersiedlung ins Tessin.

Der junge Hermann ist ein ruheloses, wildes Kind, das sich autoritärem Zwang früh widersetzt. Im September 1891 wird er ins theologische Seminar von Maulbronn aufgenommen, von wo er nach einem halben Jahr flieht. Die Eltern bringen den Sohn daraufhin zu einem Exorzisten, der ihm das Böse austreiben soll. Hermann unternimmt dort einen Selbstmordversuch und wird in die Nervenheilanstalt Stetten eingewiesen. Nach seiner Entlassung besucht er das Gymnasium in Cannstatt, das er mit der Obersekundareife verläßt.

Der Vater, Leiter des Calwer Verlagsvereins, bietet ihm eine Stelle als Assistent an. Doch Hermann entscheidet sich für eine Mechanikerlehre in der Calwer Turmuhrenfabrik Perrot, die er am 5. Juni 1894 antritt und 15 Monate später

Calw im nördlichen Schwarzwald, wo der Schriftsteller am 2. Juli 1877 zur Welt kam

wieder aufgibt. Es packt ihn die Reiselust, aber der Vater will davon nichts wissen. Hermann beginnt eine zweite Lehre (in der Tübinger Buchhandlung Heckenhauer) und arbeitet von 1899 bis 1901 in der Reichschen Buchhandlung in Basel. In Basel lernt er das Werk Jacob Burckhardts kennen, mit dem er sich intensiv beschäftigen wird und das ihn, neben dem Goethes und Nietzsches, entscheidend prägt. Im Herbst 1898 veröffentlicht er sein erstes Buch, *Romantische Lieder*. Sein Entschluß steht fest: Er will Schriftsteller werden.

Die ersten Erfolge

Hesse arbeitet ab August 1901 als Buchhändler im Basler Antiquariat Wattenwyl. Im selben Jahr erscheinen die *Hinterlassenen Schriften und Gedichte von Hermann Lauscher*, die den Verleger Samuel Fischer auf den jungen Autor aufmerksam machen. Er bietet ihm an, sein nächstes Werk herauszugeben. Kurz darauf schickt Hesse ihm das Manuskript von *Peter Camenzind.*

Die erste Italienreise hatte ihn 1901 nach Florenz, Ravenna, Venedig geführt. Auf seiner zweiten wird er von Maria Bernoulli begleitet, der Tochter eines Basler Notars. Sie ist 34 Jahre alt. Am 2. August 1904 heiraten die beiden.

Die Erstauflage von *Peter Camenzind* ist nach 14 Tagen vergriffen. Das Ehepaar Hesse zieht nach Gaienhofen am Bodensee, das bis 1912 Wohnort der Eheleute und ihrer drei 1905, 1909 und 1911 geborenen Söhne wird. Hesse arbeitet als freier Schriftsteller, zudem als Mitarbeiter zahlreicher Zeitungen und Zeitschriften. Bald schon empfindet er das Familienleben als Last: „(…) hier zum erstenmal hatte ich das Gefühl von Seßhaftigkeit, und eben darum auch zuweilen das Gefühl der Gefangenschaft, des Verhaftetseins an Grenzen und Ordnungen.“ Auch der Bau eines Hauses am Ortsrand trägt nicht zur Entspannung der Lage bei. Maria versucht ihren Mann für eine naturnahe, bäuerliche Lebensweise zu gewinnen, ein Ideal, das damals, zu Beginn der Industrialisierung, viele Anhänger fand. Doch Seßhaftigkeit ist Hesses Sache nicht: „Heute jedenfalls glaube ich nichts genauer zu wissen, als daß ich das genaue Gegenteil eines Bauern bin, nämlich (dem angeborenen Typus nach) ein Nomade, ein Jäger, ein Unseßhafter und Einzelgänger.“ (*Beim Einzug in ein neues Haus* in *Gedenkblätter*)

Vom Landstreicher Knulp zum Steppenwolf

Hesse nimmt trotz der Weltabgeschiedenheit seines Domizils am ruhigsten Teil des Bodensees verstärkt Verbindung zu literarischen Kreisen auf. Er wird Mitherausgeber der humanistisch und frankophil ausgerichteten Literaturzeitschrift *März* und veröffentlicht Gedichte, Erzählungen, Buchbesprechungen und Romane. Nach der Geburt des dritten Sohnes Martin gerät die Ehe in eine Krise. Maria leidet unter Depressionen. Hesse unternimmt mit dem Maler Hans Sturzenegger von September bis Dezember 1911 eine Indienreise, die ihn auch nach Ceylon, Singapur und Sumatra führt. Später schrieb er darüber: „Die heutigen Psychologen, der Schnoddrigkeit beflissen, nennen so etwas eine ‚Flucht‘, und natürlich war es unter andrem auch dies.“ (*Beim Einzug in ein neues Haus* in *Gedenkblätter*)

1912 übersiedelt die Familie nach Bern in das Haus des kurz zuvor verstorbenen Malerfreundes Albert Welti. Die Begeisterung für das dreihundert Jahre alte Anwesen, die Maria anfänglich empfunden

Gegenstände aus dem Besitz Hermann Hesses sind heute im Hermann-Hesse-Museum in Calw zu besichtigen.

Locarno, gemalt am 11. September 1923

hat, läßt bald nach: Sie spürt die Gegenwart des Todes. Der dritte Sohn wird krank.

Als der Krieg ausbricht, macht Hesse seine Position unverzüglich klar. Am 3. November 1914 erscheint in der *Neuen Zürcher Zeitung* sein berühmter Appell *O Freunde, nicht diese Töne!*. Zahlreiche deutschsprachige Zeitungen drucken den Artikel ab, in dem Hesse die Journalisten und Schriftsteller der europäischen Kriegsparteien dazu aufruft, ihre politischen Differenzen beizulegen und sich für den Erhalt ihres gemeinsamen kulturellen Erbes einzusetzen. Er plädiert für einen Pazifismus der Tat und engagiert sich in der deutschen Kriegsgefangenenfürsorge, gibt mehrere Publikationen für Kriegsgefangene heraus und richtet im Auftrag der Deutschen Gesandtschaft in Bern eine Bücherzentrale für deutsche Kriegsgefangene ein. Romain Rolland, der den Aufruf gelesen hat, nimmt am 26. Februar 1915 Kontakt zu ihm auf. Im August desselben Jahres findet die erste Begegnung zwischen den beiden Schriftstellern statt.

Hesses Engagement geht mit einer tiefen Verunsicherung einher, denn „die große moralische Krise durch den Krieg (zwang mich), mein ganzes Denken und meine ganze Arbeit neu zu begründen". Der Tod des Vaters und die beginnende Gemütskrankheit seiner Frau stürzen ihn in eine schwere Krise. Bei Josef Bernhard Lang, einem Schüler von Jung, unterzieht er sich einer Therapie (insgesamt sechzig Sitzungen von Mai bis November 1916). Danach beschließt er, sein Leben wieder energisch selbst in die Hand zu nehmen.

In *Demian*, erschienen 1919, hat er seine Erfahrungen verarbeitet. Und an anderer Stelle faßt er zusammen: „Es war mir klargeworden, daß es moralisch nur noch *eine* Existenzmöglichkeit für mich gab: meine literarische Arbeit allem andern voranzustellen, nur noch in ihr zu leben und weder den Zusammenbruch der Familie noch die schwere Geldsorge, noch irgendeine andre Rücksicht mehr ernst zu nehmen. Gelang es nicht, so war ich verloren." (*Beim Einzug in ein neues Haus* in *Gedenkblätter*)

Das Tessin – eine der letzten Oasen

Hesse und seine Frau trennen sich. Am 11. Mai 1919 bezieht der Dichter eine Wohnung in der Casa Camuzzi in Montagnola. Diese Wahlheimat ermöglicht ihm den Neubeginn, hier gewinnt er neues Selbstvertrauen. Kurz nacheinander veröffentlicht er *Klein und Wagner*, *Klingsors letzter Sommer* und 1922 die indische Legende *Siddhartha*.

1923 wird er von Maria geschieden. Er lernt die Schriftstellerin Lisa Wenger und deren Tochter Ruth kennen, die er am 11. Januar 1924 auf Betreiben von Ruths Vater Theo Wenger heiratet. Aber das Paar geht bald getrennte Wege: Wieder leidet Hesse unter Depressionen, und seine Arbeit aus dieser Zeit vermittelt einen Eindruck von der schweren Krise, die er durchmacht. 1925 erscheint *Kurgast*, zwei Jahre später der *Steppenwolf* und die *Nürnberger Reise*. Auch diese Ehe wird geschieden.

Die Jüdin Ninon Dolbin, geborene Ausländer, schreibt Hesse seit ihrem 14. Lebensjahr. Mittlerweile ist sie 32. Sie wird der ruhende Pol im Leben des Schriftstellers. Der Roman *Narziß und Goldmund*, an dem er gerade arbeitet, stellt vor dem Hintergrund des ausgehenden Mittelalters die polaren Spannungen zwischen Kunst und Sinnlichkeit denen von Spiritualität und Askese gegenüber. Mit diesem Werk überwindet er die Krisis; es wird sein zu Lebzeiten populärstes Buch. Aus Anlaß seines fünfzigsten Ge-

Hesse mit Enkelin Sybille im Juni 1951

burtstags war 1927 die erste Hesse-Biographie erschienen, verfaßt von Hugo Ball.

Der Weise von Montagnola

Von 1932 an widmet sich Hesse ausschließlich der Arbeit am *Glasperlenspiel*, der Krönung seines literarischen Schaffens. Nach der Eheschließung ist er mit Ninon in ein Haus etwas oberhalb von Montagnola gezogen, das der Arzt Hans C. Bodmer für sie gebaut hat. 31 Jahre werden sie dort wohnen.

1932 erscheint *Die Morgenlandfahrt*, die bereits auf *Das Glasperlenspiel* zu verweisen scheint. In Deutschland, wo sich mehr und mehr nationalsozialistisches Gedankengut verbreitet, sieht sich Hesse, der Emigrant, heftigen Angriffen durch die Presse ausgesetzt. Seine Bücher dürfen von Beginn des Zweiten Weltkriegs an nicht mehr gedruckt werden. *Das Glasperlenspiel* erscheint deshalb 1943 in Zürich.

1946 wird Hesse, der politisch unkompromittierte Deutsche (der überdies Schweizer Staatsbürger ist), mit dem Nobelpreis ausgezeichnet. Um dem Trubel zu entgehen, zieht er sich in ein Sanatorium zurück und bleibt dem Festakt in Stockholm fern. Das hindert jedoch seine Bewunderer in aller Welt nicht, ihm ihre Anerkennung auszusprechen. Die Flut von Briefen ist so groß, daß er die letzten Jahre seines Lebens vor allem damit verbringt, all jenen zu antworten, die sich mit ihren Problemen an ihn wenden. Am 9. August 1962 stirbt Hermann Hesse im Alter von 85 Jahren.

Der Silvaplaner See im Engadin

Bibliographie

Werke von Hermann Hesse (Auswahl)

Romane und autobiographische Schriften
Hinterlassene Schriften und Gedichte von Hermann Lauscher, 1901
Peter Camenzind, 1904
Unterm Rad, 1906
Gertrud, 1910
Roßhalde, 1914
Knulp, 1915
Demian, 1919
Siddhartha, 1922
Kurgast, 1925
Der Steppenwolf, 1927
Die Nürnberger Reise, 1927
Narziß und Goldmund, 1930
Die Morgenlandfahrt, 1932
Das Glasperlenspiel, 1943

Erzählungen und Märchen
Die beiden Brüder
Berthold
Casanovas Bekehrung
Der Dichter
Kindheit des Zauberers
Klein und Wagner
Klingsors letzter Sommer
Märchen
Unterbrochene Schulstunde

Aufsätze, Briefe, Reiseberichte und Gedichte
Eine Bibliothek der Weltliteratur
Wanderung
Aus Indien (Aufzeichnungen, Tagebücher, Gedichte, Betrachtungen und Erzählungen)
Gedenkblätter (Ein Erinnerungsbuch)
Die Gedichte
Gesammelte Briefe
Italien (Schilderungen, Tagebücher, Gedichte, Aufsätze, Buchbesprechungen und Erzählungen)
Die Kunst des Müßiggangs (Kurze Prosa aus dem Nachlaß)
Lektüre für Minuten (Gedanken aus seinen Büchern und Briefen)
Späte Prosa
Die Welt der Bücher (Betrachtungen und Aufsätze zur Literatur)

Alle Werke von Hermann Hesse sind beim Suhrkamp Verlag, Frankfurt am Main, erschienen.

Über Hermann Hesse
Hugo Ball, *Hermann Hesse. Sein Leben und sein Werk* (Suhrkamp)
Eugen Drewermann, *Das Individuelle verteidigen. Zwei Aufsätze zu Hermann Hesse* (Suhrkamp)
Ralph Freedman, *Hermann Hesse. Autor der Krisis. Eine Biographie* (Suhrkamp)
Hermann Hesse in Augenzeugenberichten. Herausgegeben von Volker Michels (Suhrkamp)
Bertrand Lévy, *Hermann Hesse, une géographie existentielle* (José Corti)
Volker Michels, *Hesse. Sein Leben in Bildern und Texten* (Suhrkamp)
Über Hermann Hesse. Zwei Bände. Herausgegeben von Volker Michels (Suhrkamp)

Über das Tessin
Hermann Hesse, *Tessin* (Betrachtungen, Gedichte und Aquarelle). Herausgegeben von Volker Michels (Suhrkamp)
Hermann Hesse, *Beschreibung einer Landschaft. Schweizer Miniaturen*. Herausgegeben von Siegfried Unseld (Suhrkamp)
Hermann Hesse, *Klingsors letzter Sommer* (Suhrkamp)

André Beerli, *Tessin, 32 itinéraires* (Touring Club Suisse)
Baedeker Reiseführer Tessin (Karl Baedeker)
Gisela Loose und Rainer Voigt: *DuMont Kunst-Reiseführer Tessin* (DuMont)

Register

Die kursiven Ziffern verweisen auf Bildlegenden.

Adamini, Künstlerfamilie 147
Agno 133, 134, 137, *157*
Agnuzzo *87*, 149
Agra *54*, 147
Airolo 78
Albert, Eugen d' 67
Albertus Magnus 89
Albulapaß *98*, *119*
Alpe di Neggia 134
Alpen 38, *45*, 73
Also sprach Zarathustra 113
Andermatt *77*
Aranno 137
Arbeitsnacht, Eine 15, 19–20, 40
Arcegno *79*
Arosa 33
Arosio 137, 138
Ascona 22, *22*, *24*, *25*, *79*, *124*, 131–133
Astano 137
Aufzeichnungen bei einer Kur in Baden 102
Avegno *75*, *79*
Bach, Johann Sebastian 116
Baden bei Zürich 33, *77*, 102, 125
Bakunin, Michail A. 22
Balerna 152
Ball, Hugo 25, 150, 162
Basel 44, 112, 125, 157, 158
Basso Ceresio 41
Baudelaire, Charles 89
Bäume 36
Bedano 136
Beethoven, Ludwig van 24
Beim Einzug in ein neues Haus 12, 13, 20, 21, 25, 26, 30, 34, *77*, 149, 159, 161
Bellinzona 126–127, 128, 138
Bergpaß 34–35, *36*, 74
Bergün *98*, 118
Bern 16, 24–25, 35, 112, 159, 160
Bernardazzi, Vincenzo 45
Bernina *116*
Bernoulli, Maria 20–21, 24, 25, 35, 112, 149, 159, 161, 162
Biasca 81, 129
Bibliothek der Weltliteratur 92
Bigogno *41*, 147
Bioggio 136
Bironico 134
Bissone 150
Bivio 118
Bodensee 20, 112, 159, s. a. Untersee
Bodmer, Hans C. *34*, 35, *75*, *77*, *77*, *108*, 149, 162
Borromini, Francesco 150
Bosco Luganese 136
Bramantino 131
Breggia 152
Brenno 81
Breno 137
Brentano, Clemens 88
Brissago 132
Brissago-Inseln *25*, *26*, *122*
Burckhardt, Jacob 158
Cademario 136, 137
Cadempino 135, 136
Cadenazzo 134, 135
Cadepiano 147
Calonico 81
Calw 43, 100, 154, 157, *158*
  Hermann-Hesse-Museum 154, *159*
Campagna Adorna 41
Camuzzi, Künstlerfamilie 20, 41
Camuzzi, Rosetta 13, 20, 30
Cannstatt 157
Cantarella *116*
Capolago 150
Carabbia *43*, 51
Carona *37*, *48*, *50*, 51–52, *52*, *53*, 54, *54*, 58, 144
Carona, Tommaso und Marco da 51
Casa Anatta 22
Casa Camuzzi 11–31, *14*, *19*, *20*, 26, 34, 35, 36, 38, 67, 125, 149, 161
Caslano 64, *67*, 137
Castagnola (Lugano) 91, 140–142
Castel San Pietro 152
Celerina (Schlarigna) *106*, *107*, *110*
Certenago 40, *82*
Champfèrer See *116*
Chiasso 152
Chiavenna *119*, 121
Chioggiogna 81
Cimetta 131
Ciona 51
Ciseri, Antonio 131
Collina d'Oro 15, 20, 30, 38, 41, *54*, *82*, 125, 133, 137, 147–150
Comer See 121
Cugnasco 128
Curogna 128
Deggio 79
Demian 11, 15, 161
Ditto 128
Dolbin, Ninon *39*, *77*, *77*, *96*, 103, *108*, 112, 116, 121, 149, 161, 162
Dorf 111
Engadin *77*, *96*, 102, *102*, *106*, *110*, 112, 113, 116–121, *119*, *121*, 149, *163*
Engadiner Erlebnisse *94*, 112–113, 116, 118–119, 121
Englert, Josef 88
Faido 78, 81
Figino 68, 147
Fischer, Gottfried Bermann 93
Fischer, Samuel 44, 92, 93, 112, 158
Fosano 134
Fournier, Pierre 116
Franco, F. Bahamonde 90
Fretz und Wasmuth, Verlag in Zürich 93
Friedrich, Caspar David 118
Furlani, Gian Rodolfo 20, 147
Gaienhofen 20, 23, *34*, 35, 154, 159
  Hermann-Hesse-Museum 154
Galinakopf 73
Gambarogno *88*, *127*, 134
Gandria *87*, *88*, 140, *141*, 142
Gehöft 74, 75
Gentilino 20, 38, *40*, *82*, 149–150
Gesammelte Briefe 12, 25, 26, 30, 32, 34, 36, 42, 43, 76, 86–87, 91–93, *101*, 106
Gide, André 94
Gilardi, Domenico 20, 149, 150
Gilardi, Gian Battista 20, 147–149
Giornico 78
Giubiasco 128
Glasperlenspiel, Das 26, 88, 90, 93, 99–101, 102, *108*, 116, 162
Goethe, Johann Wolfgang 15, 158
Gordola 134
Gorla, Gerolamo 79
Göschenen 77, 78
Götterdämmerung 113
Graubünden 33, 112
Gravesano 137
Grünewald, Matthias 118
Gudo 128, 134
Gundert, Hermann 43, 44, 157
Gundert, Marie 43, 157
Gundert, Wilhelm 76
Heinrich von Ofterdingen 15
Hennings, Emmy 150
Hesse, Bruno 86
Hesse, Heiner *79*
Hesse, Johannes 43–44, 157
Hinterlassene Schriften und Gedichte von Hermann Lauscher 44, 158
Hitler, Adolf 90
Hoffmann, E. T. A. 88
Indemini 133, 134
Isone 135
Journal de Genève 25
Julier, Paß und Straße *116*, 118
Jung, Carl Gustav 25, 88, 161
Kapelle 42
Kirchen und Kapellen im Tessin 38, *38*, 78, 79, 81–83, 87, 131–132
Klee, Paul 88
Klein und Wagner 34, 161
Klingsors letzter Sommer *11*, 13, *15*, 16, *20*, 34, 45, *45*, *48*, 49, 50, 52, *54*, 54–58, 59, 66, 83, 85–86, 135, 161
Knulp 119, 159
Korrodi, Eduard 90
Kurgast 102, 161
Lago Maggiore *22*, *25*, *26*, 41, *59*, *77*, *88*, *122*, *127*, 129, 131, *132*, *135*, *136*, 137

La Punt *98*, *110*, 118, *119*
Lamone 136
Lang, Josef Bernhard 25, 88, 161
Laotse 36, 89
Lektüre für Minuten 33, *67*, *83*, *84*
Lektüre im Bett 119–121
Locarno 22, *25*, *59*, *124*, 128–131, *130*, 133, *136*, *160*
Loco *138*
Lucchesi, Künstlerfamilie 45
Luganer See (Ceresio) 15, *40*, *54*, *67*, *77*, *88*, 134, 137, 138, 142–143, *145*, *146*, 150, *155*
Halbinsel im Luganer See 20, 33–72, *37*, *73*, *102*, 125, 133, 137, 143–150
Luganese 41, 134
Lugano 20, 26, 30, 38, *42*, 50, 76, *87*, 103, 105, 125, 133, 135, 138–140, 143, 149
Luino 133, 134, 137
Maccagno 133, 134
Madonna del Sasso (Locarno) *58*, 129, 130–131, *130*, *132*
Madonna d'Ongero (Carona) *48*, *50*, 51, 54, 58–62, 64, 144
Madonna d'Ongero 40, 59, 64, 68
Madonnenfest im Tessin *48*, *50*, 58–59, 63
Magadino *88*, *127*, 128, 134, *135*
Magliasina 137
Magliaso 137
Mairengo 79
Malcantone 41, *77*, 135, 136–138
Maloja 121
Mann, Thomas 34, 92, 113, *116*
Maroggia 150
März 24, 159
Maulbronn 44, 157
Melide 51, 150
Mendrisio 150, 152
Mendrisiotto 41, *45*, 134, 150
Mezzovico 134, 135
Michelangelo 52
Miglieglia 137
Mittagsrast 45
Moilliet, Louis 88
Moissi, Alexander 67
Montagnola 11–31, *15*, 20, 26, 30, *33*, *34*, *37*, 38, *40*, 54, *54*, 77, *80*, *82*, *87*, 98, *121*, 125, 133, 143, 147, 149, 161, 162
Monte Agnola 111
Monte Arbòstora 51, *52*, 58, *65*, 144, 147
Monte Brè *41*, 140, 142
Monte Ceneri 41, 128, 133, 134, 135
Monte Croce 147
Monte Gambarogno 64, 133
Monte Generoso *45*, 50, 140, 147, 150
Monte Lema 64, *77*, 136, 137
Monte Piambello 66
Monte Rosa 41, 64, 137
Monte San Giorgio 66, 144
Monte San Salvatore *43*, 45, *45*, 49–50, 51, *52*, *92*, 139, 140, 144, 147
Monte Tamaro 64
Monte Verità 21–22, *22*, 132, 133
Monti di Motti 128
Morbio Inferiore 74, 150, 152
Morcote 58, *59*, *63*, 64, *65*, 66, *67*, *143*, 144–147, *145*, *146*, *151*, *155*
Morgenlandfahrt, Die *45*, 74, 87–90, 93, 99, 101, 102, 150, 152, *152*, 162
Muggio 152
Mussolini, Benito 90
Narziß und Goldmund 11, 15, 16, 18, 19, 38, 44, 68, 74, 102, 113, 118, 162
Neuchâtel 98
Neue Rundschau, Die 92
Neue Zürcher Zeitung 24, 25, 90–91, 160
Nietzsche, Friedrich *102*, *105*, 113, 158
Nobelpreis 94, 97, 98, 162
Novaggio 137
Novalis 15, 36, 89
Nürnberger Reise, Die 161
Orselina *128*, 131
Pambio 45, 49
Paradiso (Lugano) *45*, 50, 139, 144, 150
Parco Scherrer (Morcote) 146–147
Perrot, Turmuhrenfabrik 100, 157
Peter Camenzind 11, 18, 26, 44, 158, 159
Petrini, Giuseppe Antonio 51
Pezzi, Domenico 52, *52*, 144
Piz Corvatsch *116*
Piz Terri 73
Pizzo Leone *26*
Pizzo Trosa 131
Platon 89
Ponte Tresa *67*, *102*, 133, 134, 137
Porto Ronco *25*, *26*, *122*
Preda *98*, *119*, 118
Progero 128
Pythagoras 89
Regenwetter 27–30
Riva San Vitale 150
Rolland, Romain 25, 26, 30, 36, 76, 125, 161
Romantische Lieder 158
Ronco *26*, *109*
Rotes Haus 27, 36, 45
Rückkehr aufs Land 18, 39, 103–105, 128, 129
Rusca, Grazioso Gerolamo Francesco 126
Samedan *110*
St.-Gotthard-Paß *77–78*, 126
St. Moritz *100*, *106*, *110*, 112, *116*, 116
Sant'Abbondio (Gentilino) 38, *39*, 40, *40*, 41–42, 149–150
Santa Maria del Sasso (Morcote) *59*, *63*, 66, *67*, 144, 146, *146*, *148*
Scairolotal 20, 147
Schiller, Friedrich 24
Schöllenen 78
Scudellate 152
Sessa 137–138
Siddhartha 11, 15, 34, 76, 161
Silser See *113*
Sils-Maria 77, *96*, 102, *102*, *105*, 112, 113, *113*, 149
Silvaplana *116*
Silvaplaner See *105*, *116*, *163*
Sixtinische Kapelle 52, *52*
Sobrio 81
Soglio 121
Sommertag im Süden 38, 68, 137, 143
Sopraceneri 128, 129, 134
Sorengo *33*
Sornico *82*
Sottoceneri 41, 128, 149, 150
Stalin, Josef 90
Steppenwolf, Der 11, 15, 118, 161
Stetten 44, 157
Strand 108–110
Sturzenegger, Hans 24, 52–54, 159
Suhrkamp, Peter 93
Surlej *105*
Swissminiatur (Melide) 150
Taverne 134, 135, 137
Tessin (von André Beerli) *24*, *50*, *63*, 73, *87*, 103, 127, 128, 131, 132, 134, 139, 144
Tessiner Herbsttag *34*, 35–36, 67–68
Tessiner Sommerabend 64
Thoreau, Henry David 94
Thyssen-Bornemisza, Heinrich *91*, *94*
Ticino (Tessinfluß) 73, 81, 129, 134
Tiefencastel 118
Tristram Shandy 89
Tübingen 44, 158
Unterm Rad 44
Untersee 21, *34*, 154, s. a. Bodensee
Val d'Agno 137
Val d'Alvra *119*
Val Bernina *100*
Val Blenio 129
Val Lavizzara *82*
Val Saluver *110*
Valle Leventina 126, 129
Valle Maggia *15*, *72*, *75*, *79*, *82*, *153*
Valle di Muggio 152, *152*
Valle Onsernone *124*, *138*, *139*
Valle Veddasca 134
Vela, Vincenzo 138, 140, 150
Verbano 133, s. a. Lago Maggiore
Vernate 137
Vico Morcote *142*, 144
Vierzig Jahre Montagnola 83–85, *121*
Villa Ciani (Lugano) 20, 140
Villa Favorita (Castagnola) *91*, *92*, *94*, 140–141
Villa Heleneum (Castagnola) 142
Vira 134, 135, *136*
Wahlheimat 34, 85, *99*, 123
Waldhaus, Hotel 77, *96*, *105*, 112, 113, *113*, 116, 149
Walter, Bruno 150
Welti, Albert 24, 159
Wenger, Burkard *109*
Wenger, Lisa 161
Wenger, Ruth 77, 161
Wilhelm Meister 15
Wolf, Hugo 88
Xenophon 89
Zoroaster 89
Zuoz *121*
Zürich 33, 77, 93, 125, 162
Zweig, Stefan 26

Bildnachweis

Fotografien S. 12, 34, 36, 38, 54, 75, 77, 83, 85, 99, 101, 108, 110, 116, 161. Aquarelle S. 13, 17, 19, 31, 33, 35, 41, 45, 48, 55, 69, 73, 80, 84, 87, 93, 97, 102, 109, 120, 57, 160, Vorsatzblätter. © Heiner Hesse, Arcegno 1996.

Danksagung

Der Autor dankt Heiner Hesse und Volker Michels für ihre wertvolle Hilfe. Dank auch an Dominique Grisoni; an Bertrand Lévy, der mich als erster mit dem Tessin bekannt gemacht hat; an den Verlag José Corti, der uns durch seine Publikationen neue Aspekte von Hesses Werk gezeigt hat; an David Cleary, Alain Arviset, Jacques Brosse, die alle auf ihre Weise zur Entstehung dieses Buches beigetragen haben.

Der Fotograf dankt dem Hermann-Hesse-Museum in Calw, den Fremdenverkehrsbüros in Lugano, Locarno und St. Moritz, dem Hotel Waldhaus in Sils-Maria sowie dem Schweizer Verkehrsbüro in Paris.

Der Gerstenberg Verlag dankt Volker Michels und Heiner Hesse für die kritische Revision des Textes für die deutschsprachige Ausgabe.

Die Deutsche Bibliothek – CIP-Einheitsaufnahme

Hermann Hesse – Spurensuche im Tessin / mit Aquarellen von Hermann Hesse. Text von Jean-Philippe de Tonnac. Fotos von Daniel Faure. [Aus dem Franz. übers. von Sylvia Strasser]. – Hildesheim : Gerstenberg, 1997
Einheitssacht.: Les promenades de Hermann Hesse <dt.>
ISBN 3-8067-2822-4 Gb.

Aus dem Französischen übersetzt von Sylvia Strasser

Die Originalausgabe erschien unter dem Titel *Les promenades de Hermann Hesse* 1996 bei Les Éditions du Chêne-Hachette Livre, Paris.
Text von Jean-Philippe de Tonnac. Fotos von Daniel Faure

Satz: Gerstenberg Druck GmbH, Hildesheim
Printed in Spain
ISBN 3-8067-2822-4